KB180022

자주파 vs 사대파

자주파 vs 사대파

초판 1쇄 인쇄 | 2017년 4월 25일
초판 1쇄 발행 | 2017년 5월 1일

지은이 도현신
책임편집 손성실
편집 조성우
마케팅 이동준
디자인 권월화
용지 월드페이퍼
제작 성광인쇄(주)
펴낸곳 생각비행
등록일 2010년 3월 29일 | 등록번호 제2010-000092호
주소 서울시 마포구 월드컵북로 132, 402호
전화 02) 3141-0485
팩스 02) 3141-0486
이메일 ideas0419@hanmail.net
블로그 www.ideas0419.com

© 도현신, 2017
ISBN 979-11-87708-30-8 03900

책값은 뒤표지에 적혀 있습니다.
잘못된 책은 구입하신 서점에서 바꾸어드립니다.

이 책 내용의 전부 또는 일부를 재사용하려면
반드시 지은이와 출판사 양쪽의 동의를 받아야 합니다.

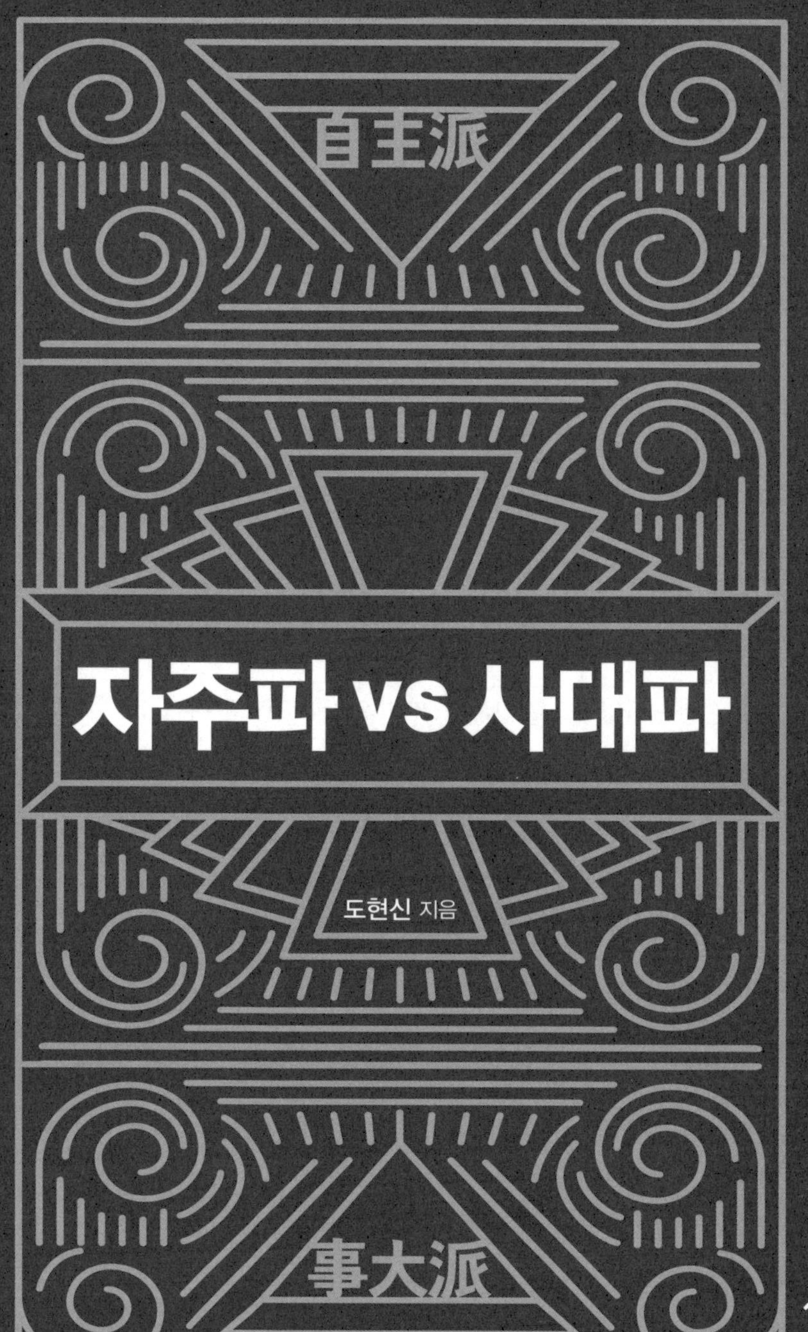

생각비행

자주파와 사대파의 대결로 본 우리 역사

한국의 역사, 즉 한국사를 어떤 관점에서 볼 것인가? 소수의 특출한 영웅이 역사를 이끈다고 보는 영웅사관도 있고, 다수의 평범한 민중이 이끈다고 보는 민중사관도 있다. 하지만 역사를 보는 시각은 매우 다양하므로 앞의 두 가지 입장만 정답은 아니다.

우리 조상들과 지금 우리가 살아가고 있는 이 나라의 과거와 현재의 역사를 어떤 관점에서 풀어나갈까? 나는 새로운 관점을 제시하고 싶다. 그것은 바로 자주파적 관점과 사대파적 관점이다.

내가 생각하는 자주파는 한국인 스스로의 노력으로 나라를 이끌어나가고 성취를 이룩할 수 있으며, 한국의 역사와 문화에서 좋은 가치를 발견할 수 있다고 믿는 사람들이다. 반면 사대파는 한국이 주변 강대국(중국, 일본, 미국 등)에 비해 너무 뒤쳐져 있어서 한국인 스스로의 힘만으로는 아무것도 해내기 어려우며, 한국의 역사와 문화에서도 좋은 가치를 찾기 힘들다고 믿는 사람들이다.

대표적인 자주파로는 신하들의 반대를 무릅쓰고 한글을 만든 세종대왕이나 일제에 맞서 싸운 독립운동가들을 들 수 있다. 반면 사대파로는 한글 창제에 반대한 최만리나 일제강점기에 나라를 갖다 바친 친일파들이 있다.

여기서 혹시 있을 법한 독자들의 오해를 풀기 위해 한 가지 해명을 하고 싶다. 개인적으로 내가 사대파보다 자주파를 더 좋아하는 것은 사실이다. 그렇다고 해서 사대파가 악마나 정신병자라고 생각하지는 않는다. 사대파도 나름대로 신념과 이유가 있으며 이에 근거하여 사대를 주장한다고 본다.

하지만 그럼에도 나는 사대파보다 자주파의 손을 들어주고 싶다. 만약 자기 스스로 어떤 일을 해내겠다는 사람과 남의 힘을 빌려 편하게 이루겠다는 사람이 겨룬다면, 사람들은 누구 편을 들어줄까? 당연히 앞쪽의 사람을 응원하지 않을까? 나 또한 그러하다.

물론 이런 감정적인 이유 말고도 내가 자주파를 긍정하고 사대파를 긍정하지 못하는 또 다른 이유가 있다. 역사 전체를 살펴보면 한국의 사대파, 즉 사대주의자들은 대개 무지했다. 조선 시대의 친명 사대주의자들은 명나라가, 일제강점기의 친일파들은 일본이 패권을 영원히 누릴 거라고 확신했다. 하지만 그들이 영원하리라고 굳게 믿었던 명나라는 고작 300년 만에, 일본은 그보다 더 짧게 겨우 36년 만에 패권을 잃고 무너져버렸다. 한편 현시대의 초강대국인 미국 역시 단일 패권을 빠르게 상실하는 상황이다. 그럼에도 오늘날 한국의 사대파는 여전히 미국이 영원하거나 앞으로도 최소한 100년 동안 세계 유일의 초강대국으로 남을 것이라 장담한다. 정작 미국에서는 중국의 급부상을 막지 못한다면, 2030년이 되기 전에 경제력에서 미국이 중국에 밀리는 신세로 전락하리라는 걱정이 이만저만이 아닌데도 말이다.

또한 한국의 사대파는 지독히도 무능했다. 조선 시대의 친명 사대주의자들은 "나라가 망해도 명나라를 돕자!"라고 외쳤으나 그토록 숭배하던 명나라가 패망하는 것을 막지 못했다. 일제 말기 친일파들은 자기 재산을 털어 일제에 비행기를 바칠 정도로 충성했으나 일제의 패망을 막지 못했다. 마찬가지로 오늘날 한국의 사대파, 즉 미국을 맹종하는 친미 사대주의자들은 한국의 국익을 해치는데도 막대한 세금을 들여 사드를 배치하려고 하지만, 그들도 결코 미국의 쇠퇴를 막을 수는 없을 것이다.

우리 역사에서 사대파들은 자신들이 떠받들던 종주국이 망하는 상황을 막지 못했다. 무지하고 무능한 집단이 한 나라의 정책 결정권을 쥐고 있을 때 이를 불안하게 여기는 것은 어쩌면 당연한 일인지 모른다.

그러나 자주파라고 해서 항상 옳았던 것만은 아니다. 고려의 황제국 선언을 공개적으로 주창한 묘청이나 핵무기 개발을 강행했던 박정희 등의 사례를 따져보면, 좋은 면보다는 나쁜 면이 더 많았다. 만약 그들의 주장대로 되었다면 외국과 불필요한 마찰과 갈등을 일으켜서 전쟁 같은 더 큰 위험을 초래할 가능성이 높았다.

또한 사대파라고 해서 항상 나쁘기만 한 것도 아니었다. 고려 중엽 김부식은 비록 금나라에 사대하고 중국 문화를 숭상했지만, 금나라에 영토를 가져다 바치거나 남송이 요구하는 대로 금나라와 무모한 전쟁을 벌이지는 않았다. 그는 조선의 광적인 친명 사대파들보다는 훨씬 합리적인 편이었다.

하지만 그래도 나는 자주파를 지지하고 싶다. 독자 여러분이라면 제힘으로 운명을 만들어 가려는 자와 남의 힘을 빌려 그 아래서 기생하려는 자, 둘 중 어느 편을 택하겠는가?

차례

01

친당파 VS 반당파

신라의 배신일까? 신라의 생존일까?

석굴암, 통일신라

01

한국사의 수많은 사건 중 오늘날까지 사람들의 입에 자주 오르내리는 화젯거리는 신라의 삼국통일이다. 신라가 당나라와 손을 잡고 고구려와 백제를 멸망시킨 역사를 두고 아직도 많은 사람이 "외세를 끌어들여 동족을 배신했다!"라고 부정적으로 평가한다.

하지만 그 당시 역사적 상황을 고려한다면 그러한 평가가 정말 옳은 것일까? 수백 년 동안 고구려와 백제를 상대로 치열한 전쟁을 벌인 신라가 과연 두 나라를 자신들과 같은 동포라고 여겼을까? 신라가 당나라를 끌어들이지 않았다면, 과연 나라를 무사히 보존할 수 있었을까? 신라의 입장에서 고구려와 백제에 의해 나라가 멸망당하고 백성들이 끌려가 노예가 되는 것을 받아들일 수 있었을까? 그 시대의 정황에서는 당나라와 손을 잡더라도 일단 나라를 무사히 지키는 것이 급선무가 아니었을까?

생존을 위해 몸부림쳤던 신라

경상남도 경주에 기반을 둔 신라는 애초에 고구려나 백제에 비해 국력이 약했다. 심지어 초창기 신라는 서기 102년에 주변의 작은 나라인 음즙벌국과 실질곡국이 의뢰한 국경 분쟁 문제를 가야의 수로왕에게 해결해달라고 떠넘길 정도였다. 이처럼 신라는 부족 연맹 수준이던 가야보다도 국제 위상이 더 낮은 약소국이었다.

시간이 지나 신라의 국력이 어느 정도 성장했을 때도 여전히 안보 환경은 불안했다. 북쪽의 고구려, 서쪽의 백제, 남쪽의 왜국(일본) 모두 신라에게 적대적이거나 위협적인 나라였다. 왜국은 신라 건국 초기부터 틈만 나면 바다를 건너와 약탈을 일삼았다. 특히 4세기 말에는 왜국이 대규모로 침략했고 신라는 거의 나라가 망할 정도로 위태로운 상황까지 몰렸다. 신라는 그 위기를 해결하고자 북쪽의 고구려에게 도움을 요청했다. 하지만 고구려가 왜국 침략군

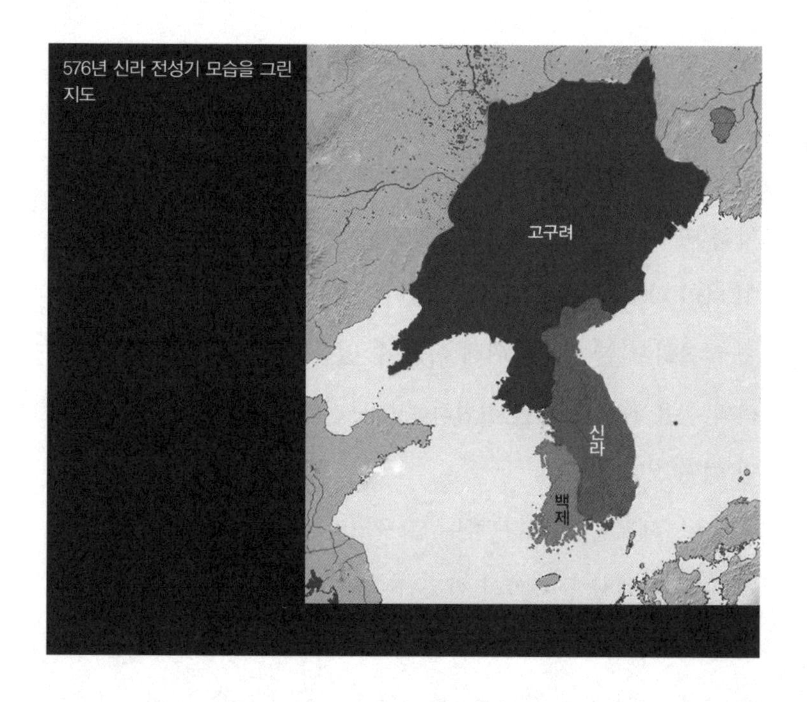

576년 신라 전성기 모습을 그린 지도

을 몰아내고 나서는 신라를 100년 가량 지배하면서 압박을 가했다. 서쪽의 백제 역시 왜국 못지않게 신라를 상대로 전쟁을 자주 벌여 사이가 나쁜 이웃이었으며, 자주 왜국과 손잡고 공격하여 신라를 두렵게 했다. 서기 6세기 들어 진흥왕 같은 걸출한 군주가 출현한 덕분에 신라는 국력이 한층 커지면서 고구려의 세력을 몰아내고 백제를 공격하여 한강 유역을 차지했다. 그러나 이는 오히려 고구려와 백제 두 나라의 경계심을 불러일으켰고 고구려-백제-

왜국 세 나라가 동맹을 맺고 신라를 포위하는 위기를 초래했다.

이렇듯 신라는 주변국 모두와 적대 관계에 있었으며, 주변국의 포위와 압박에 짓눌려 있었다. 북쪽과 서쪽, 남쪽이 모두 적대국에 막혀 있어서 그대로 가만히 있다가는 국제적 고립을 견디지 못하고 나라 자체가 무너질 판국이었다. 신라는 그런 절체절명의 위기를 극복하고 살아남기 위해 어쩔 수 없이 저 먼 중국 대륙의 당나라와 손을 잡고 자국을 위협하는 고구려와 백제, 왜국을 물리쳐야만 했던 것이다.

한편 "왜국은 그렇다 쳐도, 고구려와 백제는 신라와 동족이지 않은가? 어째서 동족끼리 싸우면서 외세를 끌어들였나?" 하는 의문을 제기할 수도 있다. 그러나 과연 신라가 고구려나 백제를 동족으로 생각했을까? 고구려와 백제는 부여에서 갈라져 나온 나라였다. 백제 왕궁에 고구려의 시조인 주몽과 그 부모인 해모수와 유화부인을 섬기는 사당을 만들어 제사를 지낼 정도였으니 동질성을 공유했을 가능성이 크다. 하지만 신라는 달랐다. 신라가 딱히 부여나 그 지파인 고구려와 백제를 향해 동족 감정을 느꼈다는 증거는 찾기 어렵다. 신라인이 남긴 기록인 문무왕릉비에 따르면, 신라의 시조는 옛날 중국 한나라에 항복한 흉노족 왕자인 김일제라고 한다. 그렇다면 고구려와 백제는 신라와 근본이 다른 집단이니 신라가 그들을 동족이라고 느꼈을 가능성은 매우 희박하다.

설령 백번 양보해서 신라가 고구려나 백제를 동족으로 인식했다고 해도, 최소한 300년에서 최대 400년 동안 두 나라를 상대로 계속 죽고 죽이는 전쟁을 해온 사이였다. 그러니 신라가 고구려와 백제에 대해 동포애보다는 증오심과 적개심을 더 크게 느꼈을 것이다.

이 부분이 잘 이해되지 않는다면 오늘날 한국(남한)과 북한의 대립관계를 떠올려보자. 남한과 북한은 서로 같은 역사와 문화를 가진 동족이지만, 남한에서 가장 심한 욕설 중 하나는 북한에 동조한다는 뜻을 지닌 '빨갱이'다. 심지어 남한에서는 "북한 주민들이 친절하고 북한은 경치가 참 좋았다"라고 말했다고 강제 추방하거나 징역형에 처할 정도로 북한에 대한 증오가 극에 달할 때도 있었다. 남한과 북한은 1950년에서 1953년까지 겨우 3년 동안 전쟁을 했을 뿐인데도 이렇게 증오가 뿌리 깊다. 그렇다면 무려 300~400년 동안이나 고구려와 백제를 상대로 전쟁을 해온 신라가 그 두 나라를 얼마나 증오하고 적대했을지, 충분히 짐작이 가지 않는가?

아울러 남한은 한국전쟁이 끝난 지 60년이 넘었지만 외국 군대인 주한미군에 온갖 특혜(주둔비 지원, 범죄 처벌 면제 등)를 주며 떠나지 말라고 붙들고 있으며, 이제는 한일군사정보공유협정까지 맺으면서 일본 자위대마저 불러들이려 하고 있다(국방부 같은 정부 관료들은 한사코 부정하지만, 일본 자위대가 국내 상륙하는 일은 예견할 만한 것이다). 그 이유가 무엇일까? 답은 의외로 간단하다. 북한을 무서워하는 사람이 많기 때문이다. 이들은 우리가 미국과 일본을 끌어들이지 않고 단독으로 싸우면 도저히 북한을 이기지 못한다는 공포심에 사로잡혀 있다.

"세상에 어떻게 최빈국으로 전락한 북한 따위를 무서워한다는 말인가?" 하고 반박하는 이들은 이해하기 어렵겠지만, 북한을 무서워하는 사람들이 이 땅에 적지 않게 존재한다. 일례로 2013년 11월 5일에 국방부 정보본부장조차 "미군의 도움이 없이 남한과 북한이 일대일로 싸우면, 우리가 패배한다"라고 말한 적이 있을 정도다.

전쟁을 경험한 세대와 냉전 시대 반공 교육을 받은 사람들 중에는 한국전쟁 와중에 한국군이 보인 부실한 전력, 그리고 수도를 두 번이나 내주고 패주한 전과가 남긴 기억 때문에 북한을 무서운 존재로 인식하는 이들이 있다. 탈북자들의 입을 통해 "북한군은 제대로 된 무기가 없고 훈련도 못 받고 있으며, 병사들은 죄다 굶주려 체력이 부실한 형편없는 오합지졸이다"라는 증언이 이어져도, 북한군 특수부대는 다르다거나 전쟁이 나면 북한이 서울을 하루 만에, 일주일이면 남한 전체를 점령한다는 식의 공포심에서 벗어나지 못하는 사람이 여전히 많다.

마찬가지로 신라 역시 고구려와 백제를 남한에서 북한을 대하는 태도 이상으로 두려워했다. 고구려는 수나라와 당나라 같은 중국의 제국과 백중지세를 겨루는 강대국이고, 백제는 그런 고구려와 손을 잡고 신라의 서쪽 변경을 계속 침범하며, 바다 건너의 왜국은 백제와 손잡고 호시탐탐 신라를 노리고 있는 판국이었으니 그럴 법도 했다. 특히 백제의 의자왕은 군대를 보내 신라의 성 40개를 빼앗아 신라를 공포에 떨게 했다. 이런 상황이라 신라는 고구려와 백제, 왜국의 위협으로부터 보호받기 위해 당나라의 도움이 절실했다. 다시 말해서 신라가 당나라를 끌어들여 고구려와 백제를 멸망시킨 것은 국가 안보를 위한 조치였다.

세계 최강대국에 홀로 맞선 신라

오늘날 한국에서 '당나라 군대'라는 말은 군기가 빠지고 나약한 형편없는 군대를 조롱하는 표현으로 쓰인다. 그래서 많은 사람이 삼국시대의 당나라 군대나 당나라까지 얕잡아볼지도 모르겠다.

그러나 그 당시에 당나라 군대는 나약하거나 형편없지 않았다. 오히려 진실은 그 반대였다. 당나라 군대는 당나라가 말기 증상을 보이며 쇠퇴하는 9세기 말 전까지 동아시아, 아니 세계 최강의 군사 집단이었다.

돌궐은 40만 대군을 거느리고 동서로 1만 리의 광활한 영토를 지배하던 막강한 유목 제국이었지만, 630년에 당나라 10만 군사의 공격을 받아 멸망당했으며 그 후 52년 동안 당나라에 복속되었다. 당나라 이전의 한나라는 흉노를 완전히 지배하지 못하고 둘로 분열시키는데 그쳤으며, 당나라 이후 송나라와 명나라도 북방 유목민족들의 침입에 시달리다 결국 몽골족과 만주족에게 멸망당하고 말았다. 반면 당나라는 탁월하게 북방 유목민족을 제압했다. 돌궐을 무너뜨린 당나라는 1세기가 넘도록 중앙아시아에서 강력한 영향력을 행사했으며, 오늘날의 아프간과 파키스탄 및 아랄 해까지 진격하여 거대한 지배권을 확보했다. 만약 751년 당나라가 중앙아시아의 지배권을 놓고 아바스 왕조와 벌인 탈라스 전투에서도 승리했다면, 아마 중앙아시아 전부와 어쩌면 그 서쪽 너머 동유럽까지 당나라의 영향력이 확장되었을지도 모른다.

고구려는 300년의 대혼란인 5호 16국 시대를 끝내고 중국을 통

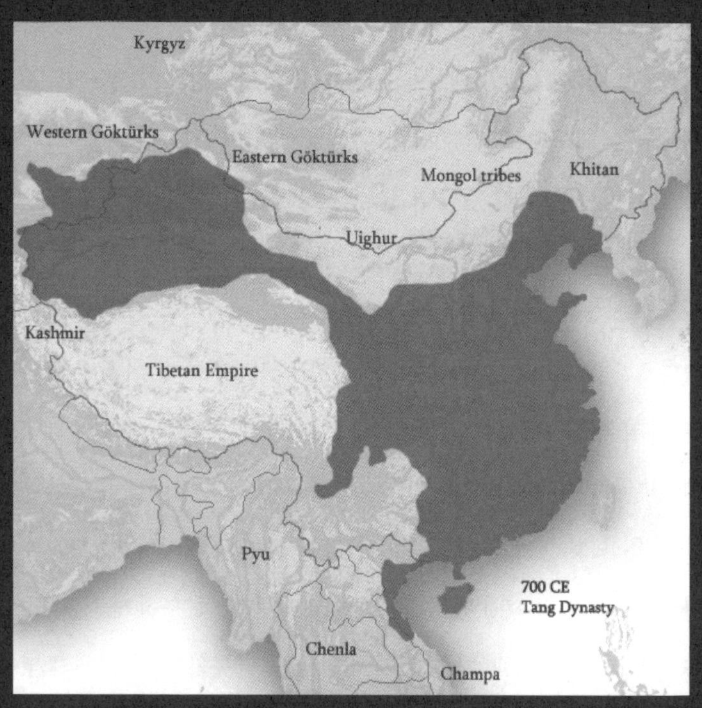

700년 당시 당나라의 영토를 표기한 지도. 전성기의 당나라는 오늘날 미국 같은 위상을 지닌 초강대국이었다.

당태종 이세민. 수나라의 멸망으로 혼란에 빠진 중국을 통일하고, 주변 이민족들을 굴복시켜 중국 역사상 가장 위대한 황제로 추앙받고 있다.

일한 수나라의 113만 대군을 쳐부수고 의기양양해 있었지만, 결국 수나라 군대보다 훨씬 적은 당나라 군대에게 멸망당했다. 고구려가 당나라에게 망한 일은 오랫동안 사람들의 기억 속에 두려운 일로 남은 듯하다. 고구려를 계승한 발해에서는 왕족인 대문예大門藝가 "옛날 고구려는 30만의 군사를 가지고 있었지만 당나라에게 망했다. 지금 우리는 고작 10만의 군사 밖에 없는데, 어떻게 당나라와 싸워 이길 수 있단 말인가?"라고 하면서 그의 형이자 발해국왕인 대무예가 당나라와 맞서려는 정책을 강력히 반대했다.

신라의 성 40개를 빼앗으며 신라를 궁지로 몰아넣었던 백제 또한 당나라 13만 대군의 공격을 받고 너무도 허무하게 무너졌다. 수백 년 동안 신라 혼자서 도저히 감당하지 못하던 그 백제가 당나라 13만 군대에게 단 한 순간에 망해버린 것이다.

700년 동안 신라를 끊임없이 침공하여 신라인에게 공포의 대상이던 왜국(일본) 또한 온 나라의 국력을 기울여 치른 백촌강 전투(663년)에서 당나라 군대에게 참패하고 달아났다. 백촌강 전투에서 패배한 일본은 그 후로도 당나라 군대를 매우 두려워했다. 755년 당나라 장수 안록산이 반란을 일으키자 당시 일본의 실권을 장악하고 있던 후지와라 나카마로는 "혹시 안록산이 일본에까지 쳐들어올지 모르니, 전국에 비상경계 태세를 갖추라"라는 명령을 내렸을 정도였다. 안록산이 활동하던 범양(오늘날 북경 인근)과 일본은 거리가 매우 멀고 안록산이 바다를 건너 올 리가 없는데도 일본이 전국에 비상경계 태세를 갖춘 것은 당나라에 대해 지나칠 정도로 공포심을 품고 있었기 때문이다.

여담이지만 일본 나고야에 있는 야츠다熱田 신궁神宮의 내천신사內天神社에 보관된 《선전습유仙傳拾遺》라는 오래된 문헌에는 이런 전설이 전해 내려온다. 당나라 현종 황제를 유혹하여 정치를 어지럽히고 안록산의 난이 일어나게 만든 미녀인 양귀비가 사실은 일본에서 당나라로 숨어든 여신이라는 것이다. 전설에 따르면 내천신사에서 섬기는 내천신內天神이 당나라 현종 황제가 일본을 침략하려는 계획을 미리 알고는 일본의 신들과 함께 이를 막기 위해 회의를 했다. 만약 당나라 군대가 정말로 쳐들어온다면 일본 군대는 도저히 이겨낼 수가 없으니, 그 전에 내천신이 절세미녀인 양귀비로 변신해 당나라로 가서 현종 황제를 현혹하여 일본을 침략할 엄두를 내지 못하게 혼군昏君으로 만드는 계획을 세웠다는 것이다. 그리하여 실제 역사처럼 양귀비에 빠진 현종은 암군暗君이 되고 안록산의 난이 일어난 당나라는 쇠약해져 일본을 침략할 수 없게 되었고, 임무를 마친 양귀비(내천신)는 일본으로 돌아갔다고 한다. 이는 물론 역사적 사실과는 거리가 멀고 다분히 허구적인 전설에 불과하지만, 이런 전설이 만들어질 만큼 일본인들이 얼마나 당나라를 무서워했는지에 대해 잘 알 수 있는 사례다.

한편 당나라 이후의 중국 왕조인 송, 원, 명, 청은 끝내 베트남을 정복하는데 실패했다. 하지만 망하는 순간까지 계속 베트남을 지배하고 있던 나라가 바로 당나라였다. 참고로 원나라와 청나라는 당나라보다 훨씬 넓은 영토를 다스리던 나라였다. 원나라는 유라시아 대륙을 재패한 칭기즈칸의 몽골제국을 그대로 계승한 나라였으며, 청나라는 중국 역사상 북방 유목민족을 가장 완벽하게 끝까지 지배한 강대국이었다. 그런 원나라와 청나라조차 베트남을 지배하지 못했던 반면, 당나라는 끝까지 베트남을 장악했다. 이 사실만 보더라도 당나라가 얼마나 강력한 나라였는지 알 수 있다.

이처럼 당나라의 군사력은 주변의 이민족을 모두 굴복시킬 정도로 강력했으며, 당시 서방을 지배하던 이슬람 제국과 더불어 명실공히 세계 최강의 군대라 해도 과언이 아니었다. 이런 군대를 지닌 세계 최강대국 당나라를 상대로 항복하거나 패배하지 않고, 최후까지 맞서 싸워 결국 승리를 거둔 신라의 행보는 긍정적으로 평가해야 마땅하다.

오늘날까지 많은 사람이 신라가 당나라한테 비굴하게 사대를 했다고 비난한다. 그러나 신라가 당나라에게 사대를 한 것은 당의 힘을 이용하여 고구려와 백제의 압박에서 벗어나려는 전략적 목표에서 비롯한 일이었다. 신라가 정말로 당나라한테 비굴하게 엎드려서 사대주의를 실행했다면, 과연 당나라에 맞서 홀로 전쟁을 벌일 엄두를 낼 수 있었을까? 차라리 당나라에 항복하여 나라를 유지하고 기득권을 보존하는 편이 더 쉽지 않았을까? 그럼에도 신라는 홀로 당나라에 맞서는 전쟁을 선택했다. 따라서 신라를 나약하고 비굴한 사대주의에 빠져 있었다는 식으로 우습게 여길 수 없는 것이다.

또한 당나라에 사대했다고 신라를 비판하는 사람들은 대당항쟁을 제대로 거론하지 않거나 못 본 체한다. 만약 신라가 당나라의 침략에 맞서 싸워 승리하여 당의 세력을 한반도에서 몰아내지 못했다면, 과연 오늘날 한민족이 독자적인 주권과 정체성을 지닐 수 있었을까? 고구려와 백제를 무너뜨리고 신라마저 집어삼키려 계림도독부를 설치했던 당나라가 만약 신라의 저항마저 완전히 제압했다면, 십중팔구 한반도는 당나라 영토로 편입되었을 것이다. 그랬다면 지금쯤 한국이라는 국가와 한국인이라는 민족은 집단적 정체성을 상실하고 중국의 55개 소수민족 중 하나가 되어 있거나 혹은 중국 한족에 흡수되어 사라졌을지도 모른다. 바꿔 말하면 신라가 당나라와 싸워 이긴 덕분에 지금까지 우리가 한글과 한국어를 사용하며 한국이라는 국가에서 한국인으로서 살아갈 수 있는 셈이다.

신라의 대당항쟁을 더욱 빛나게 하는 요소가 있다. 당시 국제사회에서 도우려는 나라가 없어서 외부의 어떤 도움도 받지 못했으나 신라가 독자적 힘으로 세계 최강대국과 정면으로 대결하여 승리했다는 사실이다. 신라가 670년부터 676년까지 6년 동안 당나라와 나당전쟁羅唐戰爭을 벌인 동안, 신라 주변의 어느 나라도 신라에 군사 한 명, 쌀 한 톨 보내지 않았다. 그럼에도 신라가 홀로 당나라와 싸워 승리했으니 참으로 대단한 성과였다.

조선 시대 임진왜란과 비교하자면, 당시 조선은 명나라의 도움을 받아서 겨우 일본군을 몰아냈다. 반면 신라는 외국의 지원군이 전혀 없는 상황에서도 세계 최강대국 당나라에 맞서 싸워 그들을 몰아냈다. 이 부분만 놓고 보면, 신라가 조선보다 더 강력한 나라였다고 주장해도 지나치지 않을 것이다.

한국전쟁은 어떠했나? 한국전쟁 당시, 한국은 미국을 포함한 전 세계 수십 개 나라의 군사와 물자 원조를 받고서도 북한군과 중국군을 상대로 제대로 이겨보지 못하고 전쟁을 질질 끌다가 휴전하는 정도로 그치고 말았다. 그나마 외국의 원조가 없었다면 한국은 전쟁 초반에 끝장났을지도 모른다. 실제로 개전 초기에 북한군은 불과 3개월 만에 낙동강 일대까지 파죽지세로 진격했고, 한국 정부는 수도 서울을 사흘 만에 버리고 국토의 남쪽 끝인 부산으로 허겁지겁 달아나야 했다. 그리고 중국군이 참전하면서 미군과 유엔군조차 밀리자, 아예 남태평양의 사모아로 고위층들만 달아나려는 계획까지 세울 만큼 한국전쟁에서 한국의 위상은 졸렬하기 그지없었다.

외국의 막대한 원조를 받고 겨우 이긴 조선이나 혹은 전쟁을 대충 멈춘 한국과 비교하면, 홀로 세계 최강대국과 당당히 맞서 싸워 승리한 신라는 얼마나 위대한가? 이런 신라를 가리켜 사대주의적이라고 비난한다면, 너무 지나친 편견이 아닐까?

나당전쟁에서 패하긴 했으나 당나라가 신라보다 약한 나라였던 것은 결코 아니다. 영토와 인구, 경제력과 군사력 등 종합적인 국력으로 보자면 당나라는 신라보다 훨씬 강력한 나라였다. 만약 당나라가 모든 국력을 기울여 수십 년에 걸쳐 신라를 계속 공격했다면, 아마 신라는 고구려가 그랬던 것처럼 힘의 차이를 극복하지 못하고 무너져내렸을 것이다. 다만 나당전쟁이 있을 무렵, 당나라는 서쪽에서 토번(티베트)의 준동과 북쪽의 돌궐이 일으킬 반란을 의식하여 그들을 견제하느라 상대적으로 신라와 싸우는 데 힘을 집중하기 어려웠다. 신라 또한 당나라의 침략에서 나라를 방어하려

당나라 벽화에 그려진 신라 사신의 모습. 가운데 깃털이 달린 모자를 쓴 사람이 신라의 사신이다. 나당전쟁에서 승리한 신라는 신속히 외교 관계를 회복하여 당나라로부터 최혜국 대우를 받으며 평화와 번영을 누렸다.

는 것이지, 아예 당나라를 없애버리려 싸운 것은 아니었다. 그래서 나당전쟁이 끝나자 신라와 당나라는 서둘러 외교 관계를 회복하고 예전처럼 절친한 동맹국이 될 수 있었다. 신라로서는 계속 당나라와 적대하면 국제적으로 고립될 위험이 있었으며, 당나라의 입장에서도 서쪽과 북쪽의 상황이 위태로운데 신라 같은 충실한 동맹국을 잃으면 사방이 적국으로 둘러싸이는 최악의 경우를 맞게 될 위험이 있었다. 이 때문에 두 나라는 신속히 동맹 관계를 회복해야 했던 것이다.

하지만 신라가 6년 동안 당나라와 허투루 싸운 것은 아니었다. 신라는 나당전쟁을 치르면서 죄수들을 사면하고 백성들이 진 빚을 국가가 나서서 대신 갚아주었으며, 당나라에 멸망한 고구려 유민들까지 끌어들여 병사로 삼는 등 온갖 수단을 총동원하여 전력을 다해 당의 강력한 침략군에 맞서 싸웠다. 그렇기 때문에 신라는 당나라 군대에게 끝내 짓밟히지 않고 무사히 살아남았고, 이후 당나라로부터 최고의 우방국 대우를 받으며 약 200년 동안 눈부신 평화와 번영을 누릴 수 있었다.

신라, 그리고 한국의 비교

사람 사는 곳에는 어디를 가나 배신자가 있기 마련이고, 신라도 예외는 아니었다. 나당전쟁이 한창이던 673년 7월 1일, 신라의 높은 벼슬자리인 아찬阿湌 직위에 있던 대토大吐라는 사람이 나라를 배신하고 당나라와 내통하려던 사건이 벌어졌다. 신라의 고관이 당나라에 붙으려고 한 까닭은 무엇일까? 아마도 작은 나라인 신라가 세계 최강대국인 당나라와 싸워서 끝내 패배할 것이라고 판단하여 미리 승자인 당나라 쪽에 붙어 자신의 생명과 재산을 보존하려고 한 듯하다.

하지만 대토의 행동은 정보가 새어나가는 바람에 신라 조정에 의해 포착되었다. 그 결과 대토는 체포되어 반역자로 처형을 당하고, 그의 가족들은 천민으로 신분이 떨어지는 무거운 처벌을 받았다. 신라는 하마터면 내부의 배신자가 외세와 결탁하여 나라를 무너뜨릴 위기를 슬기롭게 극복했던 것이다. 신라가 6년 동안 당나라와 피를 말리는 치열한 전쟁에서 끝내 승리할 수 있었던 데에는 이렇게 배신자를 미리 처단하여 국가 내부의 결속이 흐트러지지 않도록 조치를 한 배경이 있었다.

신라에 비하면 한국은 어떠했는가? 일제강점기에 외세와 결탁하여 부귀영화를 누린 친일파들은 해방이 되고 나서도 처벌받지 않았다. 오히려 정부는 "죄과를 따지지 말고 모두 등용하여 새 나라 건국의 기반이 되도록 해야 한다"라며 전부 석방했다. 그래서 친일파는 자유의 몸이 되어 해방 이후에도 부와 권력을 누렸다. 이런 우리가 과연 1300년 전의 조상을 향해 "당나라에 비굴하게 엎드린 사대주의자들!"이라고 비난할 자격이 있을까? 국가와 민족을 배신한 반역자를 풀어준 한국에 비하면, 신라는 훨씬 자주적이라고 할 만하다.

또한 나당전쟁에서 승리한 후, 신라에는 당나라 군대를 비롯하여 외국 군대가 주둔하거나 그들에게 군사 작전권을 넘겨주는 일 따위는 전혀 없었다. 그러나 한국은 한국전쟁이 끝나고 나서도 64년이 넘도록 미군이 주둔하는 상태이며, 그들에게 전시 작전권을 넘겨주고 있다. 현실이 이런데, 과연 한국인이 신라인을 보고 사대적이라고 무시할 수 있을까? 한국은 자국보다 훨씬 약하고 가난한 북한을 상대로도 미국이 도와주지 않으면 안 된다는 공포에서 자유롭지 않지만, 신라는 홀로 세계 최강대국인 당나라와 정면으로 맞서 싸워서 승리했지 않은가?

이제 신라의 삼국통일을 두고 고구려와 백제를 외세에 팔아먹었다거나 만주 땅을 아깝게 내주었다는 비난을 하기에 앞서, 신라가 홀로 당나라와 싸워 승리하고 당나라에 빌붙은 반역자를 처단하며 당나라 군대를 주둔시키지 않고도 200년 동안 평화와 번영을 누린 역사를 살펴보자. 이를 통해 오늘날 한국이 놓인 정치, 군사, 외교적인 상황을 헤아려보아야 할 것이다.

02

묘청 VS 김부식

전략적 사대주의인가? 맹목적 사대주의인가?

청자 상감 구름 학 무늬 매병, 12세기 고려
출처: 국립중앙박물관

02

오늘날 김부식은 많은 사람에게 중국을 숭배한 사대주의자라고 손가락질을 받고 있다. 물론 그가 중국 문화를 흠모하던 사대주의자였던 것은 사실이다. 그러나 "나라가 망해도 명나라를 도와야 한다"라고 외쳤던 조선의 맹목적인 사대주의자들에 비하면, 그는 훨씬 나은 사람이었다.

반면 김부식의 적이었던 묘청은 구한말의 지식인인 단재 신채호에게 "1000년 조선 역사에서 가장 파격적인 인물"이라는 호평을 받았다. 묘청이 고려의 도읍을 개성에서 서경(평양)으로 옮기고 고려왕을 황제라 칭하면 주변 36개 나라가 조공을 바쳐온다는 주장을 했기 때문이다.

묘청의 의중

묘청과 김부식 사이의 갈등을 더 이해하기 위해서는 먼저 그들이 살았던 시대의 국제 상황을 알아야 한다. 묘청이 서경 천도와 황제 호칭을 들고나오기 전인 1115년에는 뛰어난 추장인 완안아골타가 나타나 고려 북쪽 만주에서 미개한 부족으로 살아가던 여진족들을 통합해 금나라를 세웠다. 금나라는 1125년에 무서운 힘으로 자신들을 200년 동안 지배한 거란족의 요나라를 무너뜨렸고, 곧이어 창끝을 남쪽으로 돌려 한족의 송나라를 공격하여 1126년에 송나라 황제인 휘종과 흠종을 포로로 잡는 정강의 변靖康之變을 일으켜 송나라를 사실상 멸망시켰다.

송나라는 하마터면 나라가 거의 망할 뻔한 상황에 처해 흠종의 동생인 고종을 새 황제로 추대하고 수도를 하남성 개봉에서 양자강 남쪽의 임안으로 옮겨 영토의 남은 절반을 지켜냈다. (후세 역사가들은 이때의 송나라를 남송이라 부른다.) 그 후 남송에는 종택과 악비, 한세충 등 명장들이 나타나 금나라 군대를 격파하며 그들에게 빼앗긴 개봉 등 옛 영토를 되찾으려 안간힘을 썼다.

묘청은 절묘하게 바로 이러한 국제 정세를 노려 서경 천도와 칭제건원을 들고나왔던 것이다. 그는 금나라가 남송과 싸우느라 전력을 집중한 사이, 상대적으로 방비가 허술한 금나라의 후방인 요동과 만주 지역을 공격하는 방안을 구상한 것이 아니었을까? 만약 남송과 고려가 긴밀하게 연계해서 서쪽과 동쪽 두 방향에서 동시에 금나라를 공격한다면, 금나라는 앞뒤로 적을 맞게 되니 더욱 곤경에 빠지게 된다. 자고로 동서고금을 막론하고 어떤 강대국도 양면전쟁을 치러서 이긴 경우는 거의 없다. 동시에 두 지역에서 전쟁을 치르게 되면 사람과 물자의 손실도 두 배로 늘어나 웬만한 국가 재정으로는 감당하기 어렵기 때문이다.

송나라와 연계해서 금나라를 압박하자는 주장에 대해 어떤 사람들은 이렇게 반박하기도 한다.

> "세상에 그게 말이나 되느냐? 중국 역사상 가장 허약한 군대가 바로 송나라 군대였다. 자기네보다 인구가 10분의 1이나 적은 요나라, 서하, 금나라 군대도 제대로 못 이기고 빌빌대다가 끝내 몽골의 원나라한테 망해버린 송나라와 손을 잡고 금나라를 상대로 전쟁을 벌인다고? 그건 정신 나간 짓이다."

하지만 송나라 군대가 그저 나약했다고 단정 짓기는 어렵다. 송

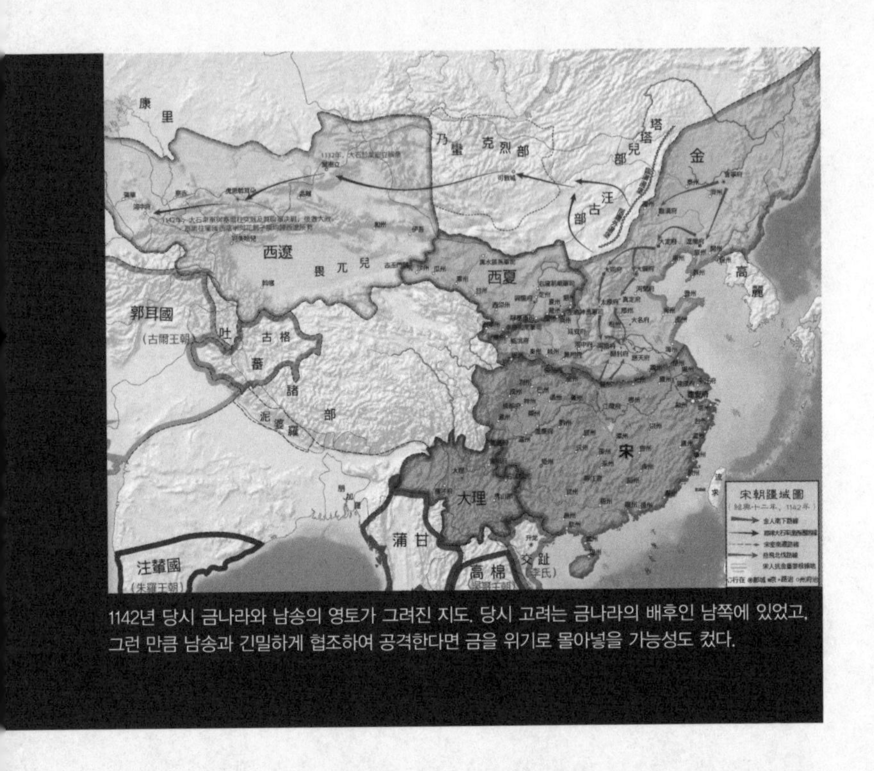

1142년 당시 금나라와 남송의 영토가 그려진 지도. 당시 고려는 금나라의 배후인 남쪽에 있었고, 그런 만큼 남송과 긴밀하게 협조하여 공격한다면 금을 위기로 몰아넣을 가능성도 컸다.

나라가 한나라나 당나라처럼 대외 원정에서 크게 성공하지는 못했지만, 송나라 군대도 나름대로 잘 싸웠다. 송나라 군대는 사납고 잔인한 유목민인 거란족의 침입을 계속 격퇴했으며, 정강의 변을 일으켜 홍수처럼 남하하던 금나라 군대와 치열하게 싸워 다시 그들을 쫓아버렸다. 또한 송나라는 세계 최강대국이라던 몽골제국을 맞아 40년 동안이나 굳건하게 저항하며 잘 막아냈다.

무엇보다 정강의 변 직후, 금나라는 중원 곳곳에서 일어나는 항금抗金 의병들과 한세충 및 악비 같은 송나라 군대의 강력한 저항에 부닥쳐 연전연패를 거듭하던 위기 상황이었다. 이때 고려가 전력을 기울여 금나라 후방인 요동 지역을 공격했다면, 금나라는 더욱 수세에 몰렸을 것이다. 실제로 묘청이 난을 일으킨 1135년부터 6년 후인 1141년 남송의 명장 악비는 자고 전투에서 금나라 군대를 쳐부수며 위세를 떨치고 있었다. 만약 고려 조정이 묘청의 제안에 따르고 송과 연합하여 금나라를 군사적으로 압박했다면, 충분히 승산이 있을 수도 있었다. 그러니 일각에서 혹평하는 것처럼 묘청을 과대망상증에 걸린 미치광이로 볼 수는 없다.

과연 금을
공격하려는 것이 옳았을까?

여기서 묘청의 서경 천도와 칭제 건원에 반대한 김부식의 입장도 한번 살펴볼 필요가 있다. 김부식과 그 추종 세력은 왜 묘청의 주장을 따르지 않았던 것일까?

묘청의 난이 일어나기 28년 전인 1107년, 고려는 17만 대군을 동원해 자주 국경을 침범해 약탈하던 여진족을 제압하고 아울러 고구려의 옛 땅을 되찾는다는 명분으로 북방 정복 전쟁을 벌여 현재 함경남도와 함경북도 일대를 점령하고 성 9개를 쌓았다. 그러나 여진족들의 거센 저항과 공격 때문에 막대한 인명과 재정을 낭비한 끝에 여진족에게 9성을 돌려주고 철수하고 만다. 이는 다시 말해서 고려가 전 국력을 다해 여진족과 전쟁을 벌였지만, 끝내 패배했음을 의미한다.

하물며 묘청이 서경 천도와 칭제 건원을 들고 나왔을 당시, 여진족은 9성 전투 무렵의 미개한 부족 집단보다 훨씬 강력한 조직인 금나라를 세운 상태였다. 그런 여진족과 고려가 또 다시 전쟁을 벌인다면 과연 승산이 있었을까? 공연히 국력만 낭비하다가 자칫하면 금나라의 분노를 불러일으켜서 심한 보복을 당해 수많은 백성이 죽고 다칠지 모르니 무리한 북벌은 하지 않는 편이 낫다는 것이 김부식 일파의 지론이었다.

실제로 9성 전쟁 당시, 고려군의 선봉에 서서 수많은 여진족과 직접 싸워 전공을 세운 전쟁 영웅인 척준경은 금나라와 전쟁을 반대하고 그들을 종주국으로 섬기는 사대에 찬성했다. 9성 전쟁으로 고려군이 막대한 인명 피해를 봤으니 또 다시 그런 출혈을 감당하면서 여진족과 전쟁을 벌일 필요가 없다고 생각한 듯하다.

아울러 송나라를 얼마나 신뢰할 수 있는지도 문제였을 것이다. 비록 송나라에 한세충과 악비 같은 명장들이 나타나 금나라와 치열하게 싸우고 있었지만, 한편으로 송나라 조정에는 진회 같이 금나라와 전쟁에 반대하고 사대를 해서라도 평화로운 관계를 맺는 편이 더 낫다고 여기는 세력도 있었다. 그리고 진회는 1142년 악비에게 모반죄를 덮어씌워 처형해 주전파를 제거하고, 회수 이북을 금의 영토로 인정하고 매년 은 25만 냥과 비단 25만 필을 공물로 바치는 조약을 체결했다. 묘청의 난이 끝난 지 6년 후의 일이었다.

만약 이런 상황에서 고려가 금을 쳤다가 송과 조약을 맺고 전쟁을 끝낸 금이 분노하여 전력을 기울여 반격한다면, 고려는 막대한 피해를 볼 것이 뻔했을 뿐 아니라 국가 자체가 멸망할지도 모르는 일이었다. 그러니 김부식이 금나라와 전쟁을 반대하고 사대를 추진한 것은 나름대로 나라와 백성을 위한 일이었다고 볼 수 있다.

김부식,
사대주의자였지만……

김부식에 관한 이야기가 나왔으니 한 가지 사항을 더 짚고 넘어가야겠다. 오늘날까지 김부식은 많은 사람에게 사대주의자라고 공격을 받는다. 물론 김부식이 중국 문화를 흠모한 것은 사실이고, 그가 쓴 사서인 《삼국사기》에 중국을 높이는 서술이 많이 들어간 것도 사실이다. 그런 면에서는 김부식이 사대주의자라는 평가는 옳다.

그러나 김부식은 "지금 우리의 힘이 약하니 일단 머리를 숙이자"라는 식의 전략적인 사대주의 입장이었지, "나라가 망해도 중국을 도와야 한다!"라는 조선의 사대부들이나 "대일본제국을 위해 조선 청년은 모두 자살 특공대에 자원하라!"라고 악을 쓰던 친일파들 같은 맹신적 사대주의자는 결코 아니었다.

묘청의 난이 일어나기 6년 전부터 송나라는 고려에 계속 사신을 보내 "우리와 힘을 합쳐 금나라와 맞서 싸우자"라고 끈질기게 제안했다. 그러나 김부식은 그 제안을 따르지 않았다. 앞서 설명한 대로 고려가 송의 요구대로 금나라와 전쟁을 벌인다면 그 피해가 막대할 것을 우려해서였다. 그러자 남송에서는 내용을 바꿔 "직접 군대를 보내기 어려우면, 대신 우리가 금나라를 공격하러 군대를 보낼 때 길을 열어달라"라고 요구했다. 하지만 그 제안도 김부식은 반대했다. 고려가 금나라와 직접 싸우지 않더라도 송나라 군대가 고려 영토를 통과해서 금나라를 공격하면, 이는 곧 고려가 금나라와 적대한다는 뜻이니 금나라로서는 고려를 위협적인 상대로 간주하여 보복을 할 수밖에 없었기 때문이다. 그러면 고려는 꼼짝없이 금나라 침공군에 의해 국토가 짓밟히고 수많은 백성이 죽거나 다치는 피해를 입을 것이었다.

김부식이 남송의 제안을 모두 거절하자, 분노한 남송은 사신을 보내어 "우리가 10만 대군을 보내 고려를 공격하지 못할 줄 아시

김부식. 묘청의 난을 진압하고 역사서인 《삼국사기》를 편찬하여 고려의 강력한 권신이 되었다.

오?" 하고 협박을 퍼부었다. 하지만 김부식은 그에 굴하지 않았고, 끝끝내 남송의 요구에 따르지도 않았다. 비록 김부식이 중국 한족의 문화를 흠모하기는 했지만 한족 왕조인 송나라가 시키는 대로 무턱대고 따르려다가 나라와 백성을 위기에 빠뜨리지 않은 점은 칭찬해야 마땅하지 않을까?

이렇게 말하면 혹시나 이런 반론을 제기할 수도 있다.

> "당시 남송은 금나라에 밀리던 약한 나라였고, 반면 금나라는 남송을 밀어붙이던 강력한 나라였으니, 김부식은 강자인 금나라를 돕기 위해 일부러 남송의 요구를 묵살한 게 아닌가?"

하지만 이는 근거가 부족한 주장이다. 김부식은 남송의 요구대로 금을 공격하지 않았지만, 그렇다고 금나라를 돕기 위해 남송을 공격하러 군대를 보내지도 않았다. 만약 김부식이 그저 강자에 영합하려 한 기회주의자였다면, 금나라가 요청하지 않았어도 기꺼이 고려군을 보내 금나라가 남송을 치는 일을 도와야 한다고 주장했을 것이다.

김부식은 금과 송이 전쟁을 벌이고 있던 시기에 어느 한 나라에 기울지 않는 균형 외교, 곧 등거리 외교를 통해 고려가 두 나라 사이의 전쟁에 무모하게 끼어들어 공연한 피해를 보는 참사를 막아냈다. 비록 김부식이 중국 문화를 숭상하는 사대주의자이기는 했지만, 그렇다고 나라와 백성의 운명까지 중국이 요구하는 대로 맹목적으로 따르며 파멸로 몰고 가는 사대주의 광신도는 아니었던 것이다.

나라와 백성을 생각하는 진짜 외교라면 무릇 이렇게 해야 마땅하다. 자국의 국익이나 국민 보호는 안중에도 없이 오직 상류 계층 인사들을 위한 특권만 누리려 하며, 한국을 위한 외교인지 미국이나 일본을 위한 외교인지 알 수 없다는 혹평마저 듣고 있는 오늘날 한국 외교에 비하면 김부식은 매우 지혜로웠다.

여담이지만 묘청의 난이 일어났다는 소식을 접하자, 남송 조정은 재빨리 고려로 사신을 보내 "우리가 군대를 보내 고려가 반란을 진압하는 일을 도와주겠다"라고 제안했다. 하지만 김부식을 포함한 고려 조정의 사람들은 그 제안을 거절했다. 만약 남송이 군대를 보내 묘청의 난을 진압한다면, 그 과정에서 고려의 정보가 고스란히 남송에게 넘어가고 또 남송이 "우리가 반란을 진압해줬으니 그 대가로 금나라를 치는 일에 협조하라"라고 요구할 만한 명분을 주게 된다. 이 때문에 김부식은 고려의 국익을 지키기 위해 남송의 제안을 완강하게 거부했던 것이다. 하마터면 고려판 재조지은이

생길 뻔한 일을 미리 막아냈으니, 그런 면에서 김부식은 재조지은 再造之恩(나라를 다시 만들어준 은혜)에 질질 끌려다니다가 나라를 망쳐놓은 조선의 후배들보다 훨씬 나았다.

묘청의 난과 조선의 북벌론은 같을까?

여기서 한 가지 의문이 든다. 묘청의 난과 그 후에 있었던 조선의 북벌론 모두 금나라와 청나라 등 북방 세력을 상대로 싸우자는 주장이다. 그렇다면 묘청의 난과 조선의 북벌론은 같은 맥락에서 나온 발상이었을까?

겉으로 내놓은 목표만 보면 같아 보이지만, 실제 묘청과 북벌론은 엄연히 다르다. 묘청은, 고려가 수도를 개성에서 서경으로 옮기고 고려의 왕을 황제라 부르고 독자적인 연호를 만들면 주변 36개의 나라가 모두 항복을 해온다고 했다. 고려의 자주성을 높이겠다는 발상이 묘청의 핵심 주장이었던 셈이다. 이는 "금나라의 침략으로 위기에 처한 중국 송나라를 돕기 위해 금나라와 싸우자!"라는 주장이 결코 아니었다. 이 점에서 묘청은 북벌론을 외친 조선의 사대부와 같은 사대주의자로 볼 수 없다. 오히려 고려의 자주성을 높인 자주파의 면모를 보였다고 봐야 옳다.

반면 조선의 북벌론은 그 근본적인 출발점이 묘청와 완전히 다르다. 조선이 병자호란으로 청나라에게 무릎을 꿇고 나서, 7년 후인 1644년에 명나라는 청나라에 의해 망하게 되었다. 이때 북벌론의 핵심은 "임진왜란 때 우리를 도와준 고마운 은인인 명나라를 망하게 한 원수인 청나라에게 복수를 하자"라는 취지였다. 그러니까 조선의 북벌론은 뿌리부터 친명 사대주의에 젖은 발상이었다. 병자호란 때 청태종에게 무릎을 꿇고 절을 한 인조의 후계자인 효종 임금이 주창한 북벌론은 그 이후에도 조선 사대부들에게 근본적 반성 없이 수용되었다. 단지 직접적 무력이냐, 정신적 배척이냐 하는 방법의 차이 정도로 의견이 갈렸을 뿐이다. 이 점은 실학자로 알려진 박지원도 크게 다르지 않다. 그가 쓴 〈허생전〉의 한 대목을 보자.

"사대부가 대체 어떤 자들이냐? 지금 명나라의 원수를 갚겠다고 하면서 고작 상투 하나만 아낀단 말이냐? 앞으로 말을 타고 칼과 창과 활과 돌 던지는 기술을 배워야 하는데, 넓은 소맷자락을 고칠 생각은 안 하고 예법만 찾는단 말이냐?"

"지금 명나라의 원수를 갚겠다고 하면서"라는 부분이 바로 북벌론을 가리키는 말이다. 여기서 박지원은 북벌론이라는 주장 자체의 정당성은 부정하지 않는다. 만약 박지원이 북벌 그 자체에 반대하는 사람이었다면, "북벌이 다 뭐냐? 명나라가 망해서 없어진 지가 100년이 넘었는데, 무슨 북벌 타령이냐? 쓸데없는 소리 그만두고, 중원의 주인이 된 청나라와 우호 관계나 다지며 우리의 이득이나 챙기자"라고 했을 것이다. 다만 박지원은 사대부들이 북벌을 외치면서 왜 정작 청나라와 실제로 싸울 준비를 하지 않느냐는 문제를 제기하는 것이다. 이 점을 간과한 채 박지원이 그저 북벌에 회의적이었다고만 여기는 것은 옳은 평가가 아니다.

요약하면 묘청은 자주적 발상에서 북벌을 추진한 반면, 조선의 사대부들은 사대적인 발상에서 북벌을 외쳤으니, 둘은 엄연히 다른 집단이라고 봐야 한다.

묘청의 난이 후세 역사에 끼친 영향

묘청의 난은 1135년에 서경 천도와 칭제건원을 외치며 일어났다.

그러나 김부식이 앞장선 정부군의 강력한 진압을 받으며 1년 후인 1136년에 끝났다. 묘청의 난이 실패로 돌아가면서 고려 사회 내 자주파는 큰 타격을 받아 약화되었고, 금나라에 사대를 하며 정국의 안정을 추구하는 사대파가 권력을 잡았다.

금나라와 무모한 전쟁을 벌이지 않아 나라와 백성에게 해가 될 사태를 막은 것은 분명히 좋은 일이었다. 그러나 김부식처럼 고려를 지배하게 된 사대파는 진취적인 기상을 잃고 사치를 만끽하며 낮은 계급들을 상대로 횡포를 부리면서 또 다른 문제를 일으켰다. 한 예로 김부식의 아들인 김돈중은 무관인 정중부의 수염을 불태우는 모욕을 주다가 정중부에게 몰매를 맞는 봉변을 당했다. 요즘으로 치자면 한창 사회 문제로 떠오른 이른바 '갑질'이 고려 시대에도 있었던 것이다. 더 큰 문제는 사고를 저지른 당사자의 아버지인 김부식이 아들의 잘못을 꾸짖기는커녕 정중부를 처벌해야 한다고 왕에게 항의한 것이었다. 김부식은 외교적으로는 뛰어났을지 몰라도 개인적인 처신에서는 매우 미흡한 면모를 보였다.

김돈중에게 모욕을 당한 원한을 잊지 않은 정중부는 1170년, 무신 정변을 일으킨 직후에 김돈중과 그 가솔을 몰살했다. 아울러 죽은 김부식과 같은 패거리였던 문벌 귀족을 향해 "무릇 문관의 관을 쓴 자는 일개 서리라도 씨를 말려라!"라는 무시무시한 엄포를 놓으며 고려의 기득권층인 사대파 귀족들을 무자비하게 학살했다. 고려의 사대파 기득권층은 집 지키는 개 정도로 깔보던 무신들에게 타격을 받아 권력의 2인자 신세로 밀려났다.

그러나 오랫동안 고려를 지배하던 사대파 기득권층이 완전히 몰락한 것은 아니었다. 그들은 일시적으로 무신들의 비위를 맞추고 협조적인 자세를 보이며 남은 기반을 지켜내는 데 성공했다. 아울러 1231년부터 대륙에서 새로 일어난 몽골군이 고려를 침범하자, 은밀히 그들과 손잡고 무신정권을 무너뜨리고 예전의 기득권을 되찾으려 음모를 꾸몄다. 무신정권이 몽골의 간섭으로 무너지자, 고려는 금나라에 사대했던 문벌귀족이 다시 집권하여 원나라를 섬기는 시대로 접어든다. 고려 시대에도 결국 사대파가 주도권을 잡았던 셈이다.

다만 고려의 자주파가 완전히 소멸된 것은 아니었다. 칭제건원을 외쳤던 묘청의 자주파 정신은 나중에 고려 왕족 승하 후에도 온을 황제로 추대하며 원나라와 고려 정부군에 맞서 최후까지 투쟁을 벌인 삼별초와 구한말에 "척왜척양斥倭斥洋(일본과 서양을 쫓아냄)"의 구호를 외친 동학농민군에게로 이어진다.

묘청과 김부식이 추진한 정책은 둘 다 나름대로 합리적인 이유가 있었다. 하지만 둘의 투쟁에서 김부식이 승리한 이후로 줄곧 사대파가 고려를 거쳐 조선까지 주도권을 잡았고, 오늘날까지 그러한 흐름이 계속되고 있다는 사실을 떠올린다면 못내 아쉽기만 하다. 요약하면 묘청의 난은 한국사에서 사대파의 득세와 자주파의 약화를 불러온 사건이었던 것이다.

유교 사관을 맹신한 사대주의자

김부식과 관련하여 언급해야 할 중요한 사실이 하나 더 있다. 그는 고려 왕조 이전의 역사를 기록한 《삼국사기》를 편찬했다. 《삼국사기》에 대한 평가는 오늘날까지 많은 논란을 불러일으키는데, 모화 사대주의에 찌든 편파적인 책이라는 비판론과 한국 고대사를 알 수 있게 해주는 소중한 사서라는 옹호론으로 갈라져 있다.

《삼국사기》가 한국 고대사를 연구하는 사람들에게 매우 중요한 자료인 점은 확실하다. 그러나 《삼국사기》에는 비판할 만한 부분도 많다. 앞서 언급한 것처럼, 《삼국사기》를 편찬한 김부식 본인이 결코 흠잡을 곳이 없는 완벽한 사람이나 성인군자가 아니었기 때문이다.

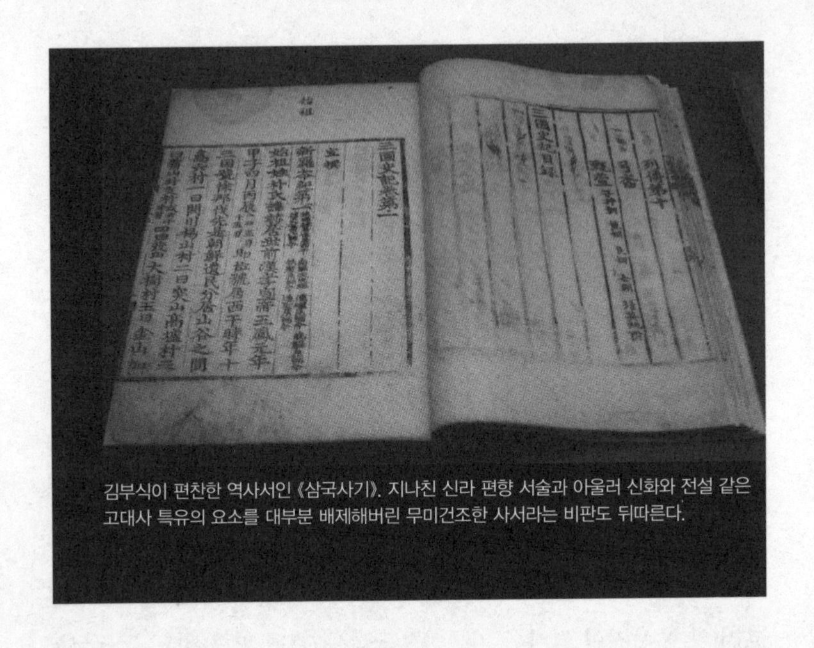

김부식이 편찬한 역사서인 《삼국사기》. 지나친 신라 편향 서술과 아울러 신화와 전설 같은 고대사 특유의 요소를 대부분 배제해버린 무미건조한 사서라는 비판도 뒤따른다.

김부식은 유교적 합리주의 사관, 즉 공자가 주장한 "괴력난신怪力亂神(괴이한 귀신이나 도깨비 같은 초자연적인 일들)을 말하지 말라"라는 가르침을 철저하게 따른 사람이었다. 그래서 김부식은 《삼국사기》를 편찬하면서 고대의 신화나 전설 같은 내용들을 황당하고 허무맹랑해서 믿을 수가 없다는 이유로 거의 넣지 않았다.

하지만 고대의 신화나 전설들이 비현실적이라는 이유로 죄다 무시하는 것은 역사를 공부하는 사람으로서 견지할 올바른 태도가 아니다. 원래 고대인들은 신화의 형식을 빌려서 역사를 기록했고, 그렇기 때문에 그리스와 중국과 메소포타미아와 인도의 신화들도 얼마든지 고대 역사의 원형을 연구하는 데 참고 자료로 쓰인다.

그런 면에서 볼 때 김부식은 지나치게 고지식하고 융통성이 없는 사람이었다. 일연이 지은 《삼국유사》나 이규보가 쓴 《동명왕편》에 실린 고대의 신화나 전설 같은 내용들을 일부러 넣지 않은 것을 보면 알 수 있다. 이는 김부식을 옹호하는 사람들의 주장처럼 자료가 부족해서 쓰지 못한 것이 아니라, 자료를 얼마든지 찾을 수 있는데도 취향에 맞지 않아 빼버린 것이니 역사 왜곡이라고 비판해도 할 말이 없다. 역사를 있는 그대로 보지 않고 자기 주관대로 판단해서 넣고 빼고 했으니, 이것이야말로 역사 왜곡에 해당하는 셈이다.

하긴 김부식이 숭상한 중국의 공자도 역사서인 《춘추春秋》를 쓰면서 자기 마음에 들지 않는 사실은 죄다 삭제하거나 폄하했다고 고백했으니, 유교적 사대주의에 심취한 김부식이 《삼국사기》를 편파적으로 지은 것은 어쩌면 당연한 일인지도 모른다.

아울러 《삼국사기》에는 지나치게 신라 관련 분량이 많고, 고구려나 백제 관련 분량은 터무니없이 적다. 과연 김부식이 자료를 구하지 못해 고구려와 백제 관련 내용을 신라보다 적게 기록했을까?

국왕의 총애를 받는 권신이자 고려 조정의 막강한 실권자인 김부식이 삼국의 역사를 책으로 쓰겠다고 결심했다면, 고려에 남아 있는 고구려나 백제의 후손들을 찾아가 그들의 족보나 가문 기록을 얼마든지 자료로 보충할 수 있었을 것이다. 그런데 김부식은 그렇게 하지 않았다. 반면 《삼국사기》에서 신라에 관한 내용으로는 그 신빙성이 의심스러운 김유신의 현손자玄孫子(5대 후손) 김장청金長淸이 지은 《행록行錄》의 기사들도 실었다.

이처럼 김부식은 사심 없이 공평한 기준에서 《삼국사기》를 쓴 것이 아니었다. 다분히 신라를 칭송하고 고구려와 백제를 깎아내리려는 의도에서 썼다고 보아도 무방하다. 실제로 김부식은 신라 왕족의 후손이었으며 신라는 고구려 및 백제와 오랜 다툼 때문에 나쁜 감정을 지니고 있었다. 그런 신라의 후손임을 자랑스럽게 여긴 김부식은 자연히 고구려와 백제를 부정적으로 폄하하려는 의도를 품고 있었을 것이다.

《삼국사기》의 지나친 신라 편향성으로 인해 역사학자 중에는 고구려나 백제 역사를 연구하려면 《삼국사기》보다 일본의 사서인 《일본서기》를 공부하는 편이 낫다고 말하는 이들도 있다. 비록 《일본서기》가 역사 왜곡으로 악명이 높지만, 그래도 《삼국사기》에는 없는 고구려나 백제 관련 내용들이 적혀 있기 때문이다.

요약하면 김부식은 유교적 합리주의 사관을 맹신한 사대주의적 시각으로 한국의 고대사를 다분히 편파적으로 다루었으며, 우리 고대사를 파악하는 데 필요한 상당한 자료를 무시해버린 역사 왜곡을 저지른 셈이다.

03

최씨 무신 정권 VS 왕정복고파

사대냐? 평화냐?

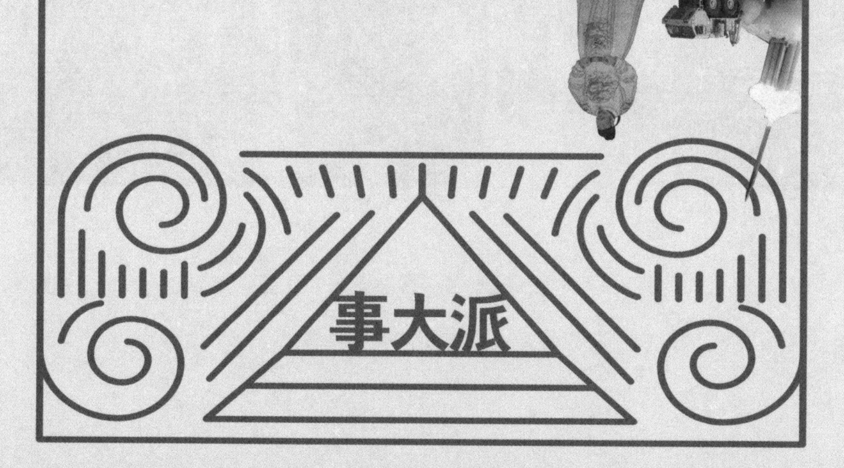

팔만대장경, 고려
출처: 문화재청

03

고려는 금나라(1115~1234년)에 사대를 하며 평화를 누렸지만, 1231년부터 중국 대륙을 휩쓴 몽골군의 침략을 받아 1273년까지 몽골과 치열한 전쟁을 벌였다. 무려 42년 동안이나 이어진 전쟁으로 고려는 수많은 인명 피해와 귀중한 문화유산의 파괴를 겪으며 국력이 피폐해졌다.

이 시기에 고려의 지배층은 자주와 사대 두 가지 노선을 두고 치열한 갈등을 벌였다. 몽골에 일찍 항복하여 더 이상의 피해를 막을 것이냐, 아니면 계속 싸워서 몽골에 굴복하지 않고 자주성을 지켜낼 것이냐를 놓고 고려 왕실과 조정 대신들 및 무신 정권 간의 갈등이 계속된 것이다. 왕실과 조정 대신들은 몽골을 끌어들여 무신 정권을 제압하고 그들에게 빼앗긴 권력을 되찾는 길을 선택한 반면, 무신 정권의 대몽항쟁 노선을 계승한 삼별초는 고려의 자주성을 지키기 위해 끝까지 몽골에 맞서 싸우는 길을 선택했다가 몰락하고 만다.

무엇 때문에 42년 동안이나 전쟁을 끌었을까?

군사 독재 정권 시절인 1970~1980년대에는 최씨 정권을 두고 강화도로 고려의 도읍을 옮기며 몽골에 저항함으로써 민족의 자주성을 지켰다고 칭송했다. 그러다가 군사 정권이 끝나고 1990년대에 민주 정권이 들어서자 최씨 정권에 대한 평가가 부정적으로 바뀌었다. 최씨 정권이 그저 자신들의 정권을 지키기 위해 승산 없는 전쟁을 일부러 질질 끌었으며, 강화도에 틀어박힌 채 백성들이 몽골군의 말발굽에 짓밟혀 죽어가는 것을 외면한 비열한 집단이었다는 비판이 줄을 이었다. 그래서 오늘날에는 고려가 42년 동안 치른 대몽항쟁의 가치도 폄하되는 분위기가 지배적이다.

하지만 과연 그러한 주장이 전부 사실일까? 만약 최씨 정권이 주도한 대몽항쟁이 정권 유지를 위한 것에 불과했다면, 무엇 때문에 전쟁을 그렇게 오랫동안 끌게 되었을까? 전쟁을 오래 할수록 국력 소모가 크고 백성의 삶이 피폐해져 결국 그 피해가 고스란히 자신들에게 돌아온다는 사실을 최씨 정권이라고 모를 리 없었을 것이다. 차라리 몽골에 일찍 항복하고 사대하는 편이 권력을 보존하는 데 더 쉽고 유리했을 법하다.

이렇게 말하면 일부 연구자들은 "지금 남한과 북한이 서로를 향한 적대 관계를 자국 내 권력 유지의 수단으로 사용하지 않느냐? 그러니 고려 시대라고 해서 그런 일이 불가능하리란 법은 없다. 최씨 정권은 몽골을 상대로 한 전쟁을 권력 유지 수단으로 이용했던 것뿐이다"라고 주장하기도 한다. 그러나 남한과 북한은 각각 미국과 중국이라는 초강대국을 등에 업은 상태이기 때문에 서로를 향한 적대적 대립을 마음껏 펼칠 수 있는 것이다.

반면 대몽항쟁 시절의 고려는 그러한 외부 지원을 기대할 수 없었다. 금나라는 몽골군의 침략으로 국토가 초토화된 상황이라 고려를 도와줄 형편이 아니었다. 남송은 자신들이 원하는 대로 고려가 금나라와 전쟁에 나서지 않자, 이에 대한 반발로 고려와 외교를 끊어버렸다. 일본은 삼별초가 함께 몽골에 맞서 싸우자고 편지를 보내도 무시할 만큼 고려에 대해서 무관심했다. 이처럼 대몽항쟁 시절의 고려는 주변국들로부터 철저하게 고립된 상태였으며, 지금의 남북한처럼 외부의 도움을 얻어 적대적 긴장 관계를 정권 유지에 요령껏 이용할 만한 처지가 아니었다.

만약 최씨 정권이 정말로 권력 보존만 궁리했다면 처음부터 몽골과 싸울 필요가 없었다. 아니, 차라리 최씨 정권의 입장에서는 몽골의 힘을 빌려서 고려 왕실을 완전히 없앤 후 자신들이 고려의 새로운 왕족이 되고 또 몽골과 통혼하는 편이 더 유리하지 않았을까? 그러면 세계 최강대국 몽골과 인척이 되어서 최씨 가문의 권력도 막강해졌을 것이다. 물론 고려 안에서 왕실이나 다른 문벌 귀족들의 반발이 있겠지만, 그 정도야 몽골의 힘을 빌리면 얼마든지 제압할 수 있었을 것이다. 게다가 고려는 몽골의 중심부와 매우 가까운 거리에 있어서 몽골의 힘을 빌리기도 쉬웠다.

어떤 사람들은 "당시 고려는 군벌인 최씨 가문이 왕실을 능멸하는 비정상적인 권력 구조이기 때문에 몽골은 왕실을 제쳐두고 최씨 가문과 손을 잡기가 매우 어려웠다. 따라서 몽골과 최씨 가문은 서로를 인정하지 않고 계속 싸울 수밖에 없었다"라는 주장을 펴기도 한다.

하지만 이러한 주장도 설득력이 부족하다. 몽골제국은 어떤 나라든지 몽골의 종주권을 인정하고 공물을 바치면, 그 나라의 정치나 종교 같은 내정 문제는 크게 문제 삼지 않았다. 게다가 몽골군

칭기즈칸의 셋째 아들이자 몽골제국의 두 번째 통치자인 오고타이칸. 그의 집권 시절 고려는 몽골과의 오랜 전쟁에 돌입했다.

이 고려 왕실을 능멸하는 최씨 가문을 몰아내겠다는 정의감으로 고려를 침공한 것도 아니었다.

실제로 몽골이 외국의 권력 구조나 내정에 개의치 않았음을 보여주는 사례가 있다. 몽골은 고려를 복속시킨 후에는 일본으로 시선을 돌렸는데, 당시 일본에서는 호조北条 가문이 허수아비인 왕가를 대신하여 실권을 잡고 있었다. 한데 몽골은 일본 왕가는 무시하고 호조 가문에 사신을 보내 복속을 요구했다. 이는 몽골이 일본 측 내정을 이미 파악하고 있었으며, 일본의 권력 구조에 대해서 별로 문제 삼지 않았다는 뜻이다.

그러니 최씨 가문이 고려 왕실을 허수아비로 만들고 나라의 실권을 쥐고 있었다고 해서 몽골이 그러한 권력 구조를 특별히 이상하거나 잘못되었다고 여겼을 리 없다.

고려인이 몽골족을 미개한 야만인으로 여겨 복속되기를 꺼렸다는 주장도 있지만 이 또한 설득력이 약하다. 고려인은 몽골족과 같은 북방 오랑캐에 속하는 여진족에 대해서 "사람의 얼굴을 했지만 짐승의 심장을 가진 야만인"이라고 멸시하다가도 막상 여진족이 금나라를 세우고 복속을 요구하자 순순히 사대에 응한 적도 있었다. 한데 그런 고려인이 여진족보다 몽골족을 더 미개하게 여겨서 사대를 하지 않고 42년 동안이나 저항했던 걸까? 그렇게 보기는 힘들다. 고려인의 눈에는 여진족이나 몽골족이나 근본적으로 다 똑같은 오랑캐였을 것이다.

그렇다면 고려인이 똑같은 북방 오랑캐인 여진족과 몽골족을 상대하는 방식에 왜 그렇게 큰 차이가 생겼던 것일까? 결정적 이유는 여진족과 몽골족이 고려를 대하는 방식의 차이 때문이었다. 비록 여진족이 세운 금나라가 고려에 사대를 요구하기는 했지만, 형식적으로 금의 종주권을 인정하고 사대를 하자 금나라는 더 이상 고려에 무리한 공물을 요구하지 않았다. 심지어 고려에서 일어난 반란군이 금나라에 영토를 바쳤을 때, 금나라는 반란군에 협조하기는커녕 오히려 그들을 체포하여 고려에 넘겨주기도 했다. 이러한 현상은 여진족이 선량하거나 고려를 선호했기에 일어난 것이 아니다. 여진족은 금나라를 세우기 직전에 윤관이 이끈 고려군 17만과 총력전을 벌인 경험이 있다. 그로 인해 고려를 두려워하여 시종일관 고려에 대해 조심스러운 태도를 보였던 것이다.

반면 몽골의 경우는 이와 전혀 달랐다. 몽골이 고려에 처음 발을 디딘 때는 1218년이었다. 이 무렵 고려는 2년 전인 1216년에 침입해온 거란족 유민의 횡포를 막지 못하고 수도까지 위협받았다. 나중에 고려가 몽골과 연합군을 이루고 나서야 비로소 거란족 유민을 완전히 제압할 수 있었다. 몽골은 이때의 경험으로 고려가 매우 허약하다고 판단했기에 고려를 상대로 엄청난 양의 공물을 계속 요구했다.

의문의 피살로 유명해진 몽골 사신 저고여는 고려 조정에 수달 가죽 1만 장과 명주 3000필, 모시 2000필, 솜 1만 근, 먹 1000개, 종이 10만 장이라는 막대한 공물을 요구했다.

또한 1231년 고려를 침입한 몽골 장수 살리타이는 고려 조정에 말 2만 마리와 자주색 비단 1만 필, 수달 가죽 1만 장 및 처녀와 총각 수천 명을 공물로 보내라고 요구했다. 고려 조정은 살리타이 뿐만 아니라 몽골군 장교들에게 별도로 공물을 보내야 했다. 그것도 황금 49근, 백금 1420근, 은병 120개에 모시와 수달 가죽과 안장을 갖춘 말 등으로 상당한 양이었다.

다른 물건을 마련하는 것도 어려웠지만 그중에서 수달 가죽 마련이 가장 큰 문제였다. 당시 고려인은 수달의 가죽을 벗기거나 그것을 사용하는 방법을 몰랐다(그래서 몽골인에게 수달 가죽 벗기는 방법을 배워야 했다). 그런데 갑자기 몽골인이 들이닥쳐 수달 가죽을 1만 장이나 내놓으라고 하니, 온 나라를 뒤져 공물을 마련하느라 골머리를 앓아야 했다.

이 밖에 고려를 방문한 다른 몽골 사신들에게도 별도의 선물을 마련해주어야 했다. 고려는 살리타이와 함께 온 몽골 사신에게 노자(여행 비용)라는 명목 하에 황금 70근, 백금 1300근, 저고리 1000벌, 말 170마리를 주어 보냈다.

한데 몽골인은 고려로부터 이토록 두둑한 선물을 받아가면서도 태도가 곱지 않았다. 몽골 사신은 오만무례하여 시중드는 고려인을 상대로 활을 쏘아대며 행패를 부리는 일이 잦았다.

이렇게 탐욕스러우면서 사나운 몽골을 상대로 전쟁을 멈추고 사대를 해보았자 계속 공물만 뜯기면서 그들의 행패를 고스란히 감당해야 했으니, 고려의 국정을 책임진 최씨 정권으로서는 순순히 몽골에 항복하려는 엄두를 내기가 무척 곤란했을 것이다.

공정성을 기하기 위해 공물에 대해 좀 더 이야기하자면, 몽골 이외에 당, 송, 명, 청 같은 나라들도 신라와 고려와 조선에 공물을 요구했다. 그러나 그 나라에서는 '회사回謝'라고 하여 더 많은 물품을 답례로 선물해주었고 서적 같은 뛰어난 문물도 제공해주었다. 결과적으로 보면, 공물을 바치는 것이 이득(요즘으로 치면 무역흑자)이었다. 반면 몽골은 초원에서 활동하는 유목 민족인데다 막 나라를 세운 처지라 고려에 돌려줄 만한 답례품이나 특별한 문물이 없었다. 따라서 고려가 몽골에 공물을 바치는 것은 막대한 손해일 뿐이었다.

공물 이외에 다른 문제도 있었다. 고려가 몽골에 일찍 항복하고 사대를 한다고 해서 과연 나라와 백성이 무사했을까 하는 부분이다. 1206년 칭기즈칸 시절부터 몽골은 복속한 나라를 상대로 다른 나라를 공격하는데 필요한 군사와 기술자와 물자를 강제로 징발하는 것으로 악명 높았다. 인구가 적은 몽골이 13세기 들어서 유라시아 대륙을 급속도로 정복할 수 있었던 비결 중 하나가 바로 정복한 나라에서 차출한 군대와 물자로 전쟁 비용을 충당하는 전략이었다.

실제로 고려가 몽골에 항복하고 사대를 시작했을 때 몽골이 고려를 어떻게 대했을까? 고려 백성을 불쌍히 여겨 편히 쉬게 내버려 두었을까? 아니다. 곧바로 고려를 일본 원정에 끌어들여서 막대한 물자와 인력을 동원하도록 강요했다. 그로 인해 고려 백성들은 숲과 조선소로 끌려가 수백 척이 넘는 군함을 만들기 위해 쉬지도 못하고 노역하느라 온 나라에 원성이 가득할 정도였다. 그리고 고려 군사 수만 명이 두 차례에 걸친 일본 원정에 끌려갔다가 태풍에 휩쓸려 바다에 빠져 죽거나 아니면 일본군의 칼날에 죽임을 당하는 비참한 신세가 되었다.

바로 이런 문제 탓에 최씨 정권이 몽골에 쉽게 항복하지 못했던 것은 아니었을까? 몽골에 항복하고 사대를 해보았자 그만큼 더 빨리 막대한 착취와 수탈을 당하게 될 터이니, 전쟁을 끝내기를 망설였던 것이 아닐까?

이런 상황을 고려한다면 최씨 정권을 자기네 안위만 지키려고 나라와 백성을 외면한 이기주의자들로 매도하는 것은 지나치게 단순한 비판이라고 본다. 비록 실행에 많은 문제가 따르기는 했지만, 그들도 나름대로 고려의 자주성과 안전을 지키려 노력했다고 평가해야 공정할 것이다.

고려의 자주성을 지키려 한 삼별초

최씨 정권과 더불어 대몽항쟁에서 논란거리가 되는 주제가 또 있다. 1270년 6월 1일 장군 배중손과 야별초(좌별초, 우별초) 지휘관 노영희가 "우리는 오랑캐 몽골과 그들에게 항복한 고려 왕실을 섬기지 않겠다!"라는 구호를 외치며 일으킨 삼별초의 난이 그것이다.

난을 일으킨 삼별초를 두고 크게 두 가지 의견이 엇갈리고 있는데, 몽골에 굴복한 고려 조정에 맞선 자주적 항쟁이라는 평가와 기득권을 끝까지 지키려는 최씨 정권의 잔당에 불과하다는 혹평이 그것이다. 군사 정권 시절에는 전자의 주장이 우세했고, 민주화 이후로는 후자의 주장이 우세한 상황이다. 그래서 삼별초의 난에 대해 자신들의 기득권을 지키려던 사건 정도로 깎아내리는 추세가 강해지고 있다.

하지만 이러한 주장 역시 엄밀히 따져보면 사실이라고 보기 어렵다. 우선 난을 일으킨 주역인 삼별초 군사들은 최씨 정권 시절에 수혜를 누린 기득권층과 거리가 멀었다. 삼별초 군사 대다수는 제대로 된 봉급조차 받지 못하고 가난과 굶주림에 시달리던 비참한 신세였다. 최씨 정권에 결탁하여 부와 권력을 누리던 삼별초 고위 지휘관들은 정작 반란에 가담하지 않았다. 오히려 삼별초의 난을 주도한 배중손과 김통정 같은 삼별초 지도자들은 최씨 정권이 건재하던 시절에는 이름조차 언급되지 않던 낮은 직위에 있었다.

삼별초가 단순히 최씨 정권의 잔당에 불과했다면, 난이 일어나자 고려 각지에서 수많은 사람이 잇따라 삼별초에 호응하는 반란을 일으킨 사실을 어떻게 해석할 수 있을까? 더구나 삼별초에 호응한 사람들은 가난한 노비나 낮은 직위에 있던 지방 관리들이었다. 이런 사람들은 최씨 정권의 기득권과 무관했을 것이다. 최씨 정권이 그들에게 어떤 혜택을 제공한 적 없고, 그들 또한 최씨 정권에서 빛을 본 적도 없었다.

삼별초 항쟁에 노비와 지방 관리들이 호응했다는 것이 쉽게 믿기지 않을 수 있지만, 이는 《고려사》와 《고려사절요》 등의 사서에도 기록된 엄연한 역사적 사실이다. 예를 들면 1271년 1월, 고려의 수도 개경에서는 숭겸과 공덕 등 관아에서 일하던 노비 4명이 같은 노비들을 선동하여 개경을 방문한 몽골인 관리들을 죽인 다음, 삼별초에 가담하려는 음모를 꾸민 사건이 발생했다. 비록 음모가 들통 나서 일을 꾸민 노비 4명은 모두 처형당했지만, 그 후 개경 길거리에 난동을 부리거나 관아를 습격하는 노비들이 계속 나타나 고려 조정이 무척 두려워했다고 전해진다.

숭겸과 공덕같이 불행한 경우를 제외하더라도 노비 중에는 주인에게서 달아나 삼별초들이 처음 난을 일으킨 강화도나 이후 이동한 진도로 몰려간 사람이 상당히 많았던 것으로 보인다. 삼별초에 가담한 노비의 수가 정확히 얼마였는지는 알 수 없지만 다음의 기록을 통해 추측할 수는 있다. 1270년 12월, 몽골에서 돌아온 고려 태자(충렬왕)가 가져온 몽골 황제 쿠빌라이칸의 조서에는 "주인을 배신하고 삼별초에 가담한 노비들은 삼별초를 떠나 원래 있던 곳으로 돌아가라. 그렇게 하면 노비 신분에서 해방시켜주겠다"라는 내용이 있었다. 몽골 황제가 직접 삼별초에 합류한 노비 문제를 거론한 것으로 보아, 난에 가담한 사람 중에서 노비가 상당한 비중을 차지했음을 알 수 있다. 삼별초에 가담한 노비가 적었다면, 대제국의 주인인 몽골 황제가 굳이 조서에 거론할 필요는 없었을 테니 말이다.

노비 이외에 지방 관리들도 삼별초에 열렬히 호응했다. 1271년 1월, 지금의 경상남도 밀양인 밀성에서는 박경순이 삼별초와 함께한다는 구호를 내걸고 반란을 일으켰고 수많은 백성이 동조했다. 1271년 2월에는 현재 경기도 안산시에 속한 섬인 대부도에서 경기도 남양인 당성 출신의 관리인 홍택이 몽골 군사를 죽이고 삼별초와 합류하려는 반란을 꾸미다가 발각되어 실패한 사건도 있었다.

나주와 전주 같은 곳에서는 삼별초가 공격해오자 현지 관리들이 제대로 싸우지도 않은 채 달아났다. 이런 사실을 통해 지방 관리들이 심정적으로 삼별초에 동조하고 있었음을 파악할 수 있다.

그렇다면 노비와 지방 관리들이 처형당할 것을 뻔히 알면서도 삼별초에 합세하거나 호응한 이유는 무엇이었을까? 삼별초가 내세운 "오랑캐 몽골에 맞서 싸우겠다!"라는 반몽골 구호가 그만큼 수많은 고려 백성에게 공감을 얻었기 때문일 것이다. 40년에 걸친 대몽항쟁을 겪고 몽골군으로부터 피해를 본 고려 백성 대부분은 몽골에 대한 적개심이 매우 컸다. 그 증거로 1259년 최씨 정권이 삼별초의 봉기로 무너지고 나서 강화도의 고려 조정은 몽골과 휴전하고 도읍을 다시 개성으로 돌리겠다는 뜻으로 강화도에 쌓은 성을 허물었는데, 그 모습을 지켜본 고려 백성과 군인들이 슬퍼하며 눈물을 흘렸다고 한다. 고려 백성들이 대몽항쟁을 지겨워하고 몽골에 빨리 항복하기를 원했다면, 몽골의 침략을 대비하기 위해 쌓은 방어물인 성을 부술 때 울었을 리가 없었을 것이다. 오히려 기뻐하며 춤을 추고 만세를 불렀어야 사리에 맞다.

노비와 지방 관리 같은 고려 백성들이 삼별초를 단지 최씨 정권의 기득권을 지키려는 하수인 정도로 여겼다면, 삼별초와 합류하겠다며 고려 조정에 맞서 반란을 일으킬 엄두나 냈을까? 그 역시 이치에 맞지 않는다.

이상의 사항들로 보건데, 삼별초는 외세인 몽골과 그 앞잡이가 된 고려 조정에 맞서려는 자주성의 표출이라고 보아야 적합하다. 그리고 삼별초를 돕던 고려 백성들 역시 몽골에 복속되는 굴욕을 거부하고 싶었으리라.

몽골에 복속을 선택한 왕정복고 사대파

최씨 정권과 삼별초에 대해서는 어느 정도 이야기했으니, 이제는 그들과 반대편에 있던 자들, 즉 고려 왕실과 문벌 귀족 등 왕정복고를 주장한 사대파에 대해 다루어볼 차례다.

일반적으로 대몽항쟁 당시, 고려 문벌 귀족은 최씨 가문이 수도를 개경에서 강화도로 옮기는 것을 반대했다고 알려져 있다. 그들이 내세운 명분은 '강화도로 도읍을 옮겨놓고 육지에서 백성들이 몽골군의 침략에 죽어가도록 내버려 두는 것은 옳지 않다'는 것이었다. 얼핏 보면 마치 백성을 진심으로 위하는 듯 느껴진다. 그래서 오늘날 일부 사람들은 최씨 가문이 무모한 대몽항쟁을 고집하는 바람에 고려가 피해를 많이 보았으며, 문벌 귀족들이 주장한 것처럼 차라리 고려가 일찍 몽골에 항복하고 사대를 하는 편이 나았다고 말하기도 한다.

하지만 고려 문벌 귀족이 몽골군의 말발굽에 짓밟혀 죽어가는 고려 백성을 정말로 불쌍히 여겨서 항복을 결정했다면, 이후 고려 백성들이 70년 동안이나 공녀나 포로가 되어 몽골로 끌려가지 않도록 막았어야 했을 것이다. 그러나 문벌 귀족들은 그러한 일을 막지 못한 채, 자기 가족이 끌려가지 않도록 교섭하며 일반 백성의 신세는 외면했다.

그렇다면 애초에 문벌 귀족들이 고려 백성을 불쌍히 여겨 항복을 결정했다는 것은 핑계에 불과하고, 진짜 목적은 몽골의 힘을 빌려 최씨 무신 정권에게 빼앗긴 권력을 되찾기 위해서가 아니었을까? 그래서 문벌 귀족은 최씨 정권과는 정반대로 일찍부터 몽골에 대한 사대를 추진하고 있었던 것인지도 모르겠다.

다만 공정성을 위해 밝혀둔다면, 고려 시대 사대파는 후세의 조선 시대 사대파보다는 나았다. 물론 고려가 몽골에 항복하고 사대를 맺은 이후로 몽골의 간섭을 받아 고려의 자주성이 크게 훼손된 것은 사실이다. 충혜왕처럼 고려 왕이 몽골 사신에게 체포되어 몽골로 끌려가는 일도 있었으며, 심지어 14세기에 들어서는 몽골 조정에서 아예 고려를 몽골의 일부로 합병하려는 계획을 논의하기도 했다. 하지만 그런 상황에 처했을 때, 고려 문벌 귀족들은 나라를 통째로 몽골에 바치고 이를 통해 부귀영화를 누리려는 생각을 조금도 하지 않았다. 오히려 그들은 몽골을 상대로 치밀한 교섭을 벌여 고려의 몽골 편입 계획을 막아냈다. 이런 점에서 고려 시대 사대파는 나라를 통째로 일본에 바치고 이를 통해 부귀영화를 누리려 했던 조선 시대 친일 사대파보다는 나았다고 할 수 있다.

또한 몽골이 명나라에 쫓겨 북쪽의 몽골 초원으로 도망갔을 때나(1368년), 명나라의 공격을 받고 원나라 황제가 도망가다 죽임을 당해 사실상 망해버린 이후에(1388년) "우리가 섬긴 원나라를 위해 명나라한테 복수를 하자! 군대를 몰고 중원으로 쳐들어가 명나라를 없애고, 원나라 황제를 중원으로 모셔 와서 다시 원나라를 세우자!"라는 식의 북벌론은 전혀 언급되지 않았다. 조선 사대파가 명나라가 망한 지 100년이 넘었는데도 여전히 명나라를 추앙하며 청나라를 상대로 복수를 하겠다는 허황된 북벌론을 꿈꾼 것과 너무도 대조적이다.

그러고 보면 시대가 흐를수록 한국의 사대파들의 수준이 떨어진다는 인상을 지울 수 없다. 고려 사대파는 비록 몽골에 사대했지만 나라를 보존했으며 망한 종주국을 위해 무모한 전쟁을 벌이지는 않았다. 이에 반해 조선의 사대파는 다 망한 종주국을 위해 새로운 패권국을 상대로 승산이 없는 전쟁을 강행하다 수많은 인명 피해를 보고 비참하게 항복했다. 말기에 가서는 나라가 흔들리자 외국에 나라를 통째로 팔아먹는 매국 행위까지 저질렀다. 그리고 오늘날 한국의 사대파는 종주국으로 생각하는 미국이 시키는 대로 사드 배치를 강행하여 새로운 패권국으로 떠오르는 중국과 무모한 갈등을 벌이려 하고 있다.

원나라의 지배가 이상적인 세계화?
곡학아세!

몽골제국과 그 창업자인 칭기즈칸의 이미지는 오랫동안 부정적이었다. '전쟁과 살육과 여자와 돈에 굶주린 야만인'이 곧 몽골제국과 칭기즈칸의 이미지였으며 오랫동안 사람들은 그렇게 알고 있었다.

그러다가 1995년, 미국 《워싱턴 포스트》가 칭기즈칸에 대해서 지난 1000년 동안 가장 위대한 인물이라는 긍정적인 평가를 내리자, 칭기즈칸과 그가 세운 몽골제국에 대한 전체적인 평가도 갑자기 긍정적으로 바뀌기 시작했다. 약속이나 한 듯, 서점에는 칭기즈칸을 위대한 창업자이자 불세출의 영웅이라고 칭송하는 책들이 쏟아져나왔다. 또한 몽골제국이 국경과 민족의 벽을 허물었다고 높이 평가하는 TV와 언론사의 뉴스가 홍수를 이루었다.

1990년대와 2000년대 초반까지 한국에도 몽골제국 붐이 일었다. 몽골제국을 칭송하는 학자나 저술가들은 13세기 몽골제국의 지배를 받은 시절이 마치 고려인들에게 성공과 출세의 기회가 열린 장밋빛 시대이기라도 한듯 요란한 칭송을 늘어놓았다.

실제로 몽골제국의 유라시아 재패로 인해 동서양의 문물이 폭넓게 교류되긴 했다. 몽골제국이 지배하는 유라시아 내륙의 동서무역로를 타고 서양에는 화약과 나침반과 종이가 전해졌고, 반대로 동양에는 이슬람의 과학과 천문학과 증류주 기술이 전파되었다.

1442년 조선에서 만든 역법인 칠정산七政算은 원나라(몽골족이 중국에 세운 왕조)에서 나온 수시력授時曆과 회회력법回回曆法을 참조한 것인데, 이 수시력은 몽골군이 이슬람 세계에서 들여온 천문학을 바탕으로 만들었다. 그러니까 이슬람의 천문학이 동양으로 전해져서 수시력과 회회력법과 칠정산을 일궈낸 것이다. 이는 몽골의 세계화가 낳은 성과였다.

또한 오늘날 한국인이 일상에서 즐겨 마시는 술인 소주도 13세기에 몽골군이 중동을 정복하면서 알게 된 증류주인 '아라히'를 고려 원정 시기에 고려인에게 전한 것에서 유래했다. 몽골군은 고려 안동 지방에 주둔했는데, 그때 아라히 제조 기술이 고려인에게 전해졌다. 그것이 오늘날 안동의 명물인 안동소주가 되었다. 지금 우리가 마시는 소주는 몽골제국이 이룩한 세계화에서 나온 뜻밖의 산물인 셈이다.

아울러 몽골제국의 중심부인 원나라가 고려와 거리가 가깝다 보니 고려인의 원나라 진출도 활발했다. 원나라의 수도인 대도大都(지금의 베이징)에 사는 사람 중 절반이 고려인이라는 말이 나올 정도로 고려인이 많이 살았다. 원나라로 왔던 고려인 공녀 중 한 명인 기씨는 원나라 황제인 순제의 눈에 들어 정식 황후로 책봉되기도 했다. 요즘으로 치면 한국인이 미국 대통령의 영부인이 된 셈이다. 기황후의 등장으로 인해 원나라에는 현대의 한류에 해당하는 고려양이라는 고려식 풍습이 유행하기도 했다.

원나라에 고려양이 유행한 것처럼, 고려에도 몽골식 풍습인 변발(머리카락을 길게 땋아서 등 뒤로 내리는 것)과 몽골식 옷차림 등 이른바 몽고풍이 크게 유행했다. 몽골제국의 유라시아 정복으로 13세기에 오늘날과 같은 세계화가 진행되었던 것이다.

여태까지 늘어놓은 사례만 보면, 13세기 몽골제국이 지배하던 때를 고려인에게 성공과 출세의 기회가 열린 장밋빛 시대로 단정 짓기 쉽다.

그러나 이는 실체의 절반만 본 것일 뿐이다. 과연 몽골제국이 만든 세계화가 아름답고 행복하기만 했을까? 과연 몽골제국의 지배 아래 살던 사람들도 그 시절을 눈부신 장밋빛이라고 여겼을까?

우선 고려 백성의 삶을 본다면, 몽골제국 시대가 행복했다고 말하기 어렵다. 몽골제국의 번영을 떠받치기 위해 고려 백성은 고려 조정에 바치는 것보다 더 많은 양의 공물과 인력을 수시로 몽골인에게 강탈당했다. 공녀만 해도 그렇다. 절대 다수의 공녀는 본인의 의사와 상관없이 원나라의 요구에 의해 억지로 고향을 떠나 강제로 끌려가야 했다. 그래서 원나라 사신들이 공녀를 바치라는 명령을 고려에 전하러 오면, 공녀로 끌려갈 처녀들의 울부짖는 소리가 온 나라를 뒤흔들었다는 기록도 있다.

공녀로 끌려간 처녀 중 가장 출세했다고 할 수 있는 기황후와 같은 경우는 매우 운이 좋은 예외적인 사례라서 이를 일반화할 수는 없다. 달리 비유하자면, 16세기 지중해에서 날뛰던 이슬람 해적에게 납치되어 오스만제국으로 끌려갔다가 술탄의 아내가 된 베네치아 여성인 '체칠리아'의 사례를 들어, 16세기가 유럽 여성에게 역동적인 기회의 시대였다고 일반화해서는 안 되는 이치와 같다. 이슬람 해적에게 납치된 대다수의 유럽 여성은 노예가 되어 학

원나라의 일본 원정 당시 원정군과 일본 무사들의 싸움을 그린 〈몽고습래회사蒙古襲來繪詞〉의 한 장면. 2권의 두루마리로 구성된 일본 가마쿠라 시대 후기의 그림이다.

대를 받는 비참한 삶을 살았다.

뿐만 아니라 고려는 몽골의 명령에 따라 원하지 않는 전쟁에 억지로 참가해야 했다. 가장 대표적인 예가 1274년과 1281년에 벌어진 일본 원정이다. 당시 고려는 몽골군을 상대로 40여 년 동안 치열한 전쟁을 치르느라 국력을 소진하고 백성들의 피해도 극심

했다. 그 와중에 원나라 황제 쿠빌라이칸은 고려를 복속시키고 나서 일본마저 굴복시키려 했다. 그리고 이를 위해 고려의 군사력을 이용하려고 고려 조정에 수만 명의 군대와 900척의 배를 편성하여 일본 원정에 동원하라는 명령을 내렸다. 몽골과 오랜 전쟁 끝에 피폐해질 대로 피폐해진 고려로서는 너무나 무리한 요구였다. 고려의 충렬왕은 쿠빌라이칸에게 여러 번 일본 원정의 부당함을 호소했지만, 쿠빌라이칸은 끝내 일본 원정을 강행하라고 윽박질렀다. 결국 900척의 배를 만들기 위해 기술자들이 온종일 물속에서 일하다가 벌레가 슬어 수많은 사람이 죽어나갔다. 아울러 배를 만드는데 필요한 목재들은 전부 고려에서 충당했는데, 많은 고려 백성이 나무를 베고 나르는 과정에서 죽거나 다쳤다.

원나라에서 파견된 관리들은 배를 만드는 고려인 기술자들을 다그쳐 배 900척을 완성했다. 원나라 군대와 고려 군대의 연합군은 그 배를 타고 일본으로 출정했다. 그러나 여원연합군이 일본 본토에 도착한 지 얼마 지나지 않아 갑작스러운 태풍이 불어 수만 명의 병사가 대부분의 배와 함께 바닷속으로 사라지고 말았다.

이렇게 두 차례에 걸친 일본 원정은 모두 실패했고, 그 과정에서 고려는 무수한 병사와 막대한 물자를 잃고 말았다. 원나라의 무리한 독촉으로 시작된 일본 원정은 고려에게 손해만 끼친 셈이었다.

또한 원나라는 고려의 군사력이 위협이 될 정도로 강해지기를 원하지 않아서, 일부러 고려의 상비군을 축소하거나 해안가의 요새와 해군을 해체하라는 명령을 내렸다. 그 결과 14세기 중엽, 고려에는 제대로 된 군대가 없어서 배를 타고 바다를 건너와 수시로 살인과 약탈을 저지르는 왜구에 대응하지 못하고 속수무책으로 당하기만 했다. 그 과정에서 얼마나 많은 고려 백성이 왜구에 의해 죽임을 당하고 납치되어 일본으로 끌려갔을지 짐작조차 하기 어렵다. 보통 역사학자들은 고려 멸망의 원인 중 하나로 왜구의 창궐을 드는데, 그렇게 만든 요인은 원나라의 내정 간섭 때문이었다.

그 밖에 고려인을 크게 괴롭힌 요인이 하나 더 있다. 바로 몽골에 빌붙어 고려를 수탈하고 착취하는 데 앞장섰던 이른바 부원배들이었다. 대표적인 경우로 고려의 장수이면서 몽골제국에 항복하여 고려를 핍박했던 홍복영과 홍다구 부자父子가 있는데, 이들은 몽골의 위세를 믿고 어찌나 횡포를 부렸는지 고려의 충렬왕이 쿠빌라이칸에게 직접 호소하여 그들을 원나라로 돌려보냈을 정도였다. 홍다구는 여원연합군의 일본 원정을 위해 마련된 900척의 배의 관리 감독을 맡았는데, 그 과정에서 고려 백성을 악독하게 학대하여 큰 원성을 사기도 했다.

고려 시대에는 조국이라는 단어나 개념이 없었으니 몽골에 빌붙어 자신의 이익을 챙긴 이른바 부원배를 비난해서는 안 된다는 의견도 있지만, 이는 잘못된 판단이다. 최충헌이 고려를 지배할 무렵, 거란족 유민이 고려를 침략한 일이 있었다. 이때 거란족의 길잡이 노릇을 한 천민 집단인 양수척은 최충헌에게 보내는 편지에서 자신들을 착취하는 부패한 관리들을 없앤다면 나라, 즉 고려에 충성을 하겠다고 밝혔다. 비록 조국이라는 단어는 없었어도 조국이라는 개념은 있었던 셈이다.

아울러 고려 시대 부원배들의 사례를 두고, 역사에 도덕적 기준을 적용해서 비판하지 말아야 한다는 입장에서 그들을 도덕적으로 나쁘게 보면 안 된다는 주장도 있으나, 이 또한 어불성설이다. 그런 식의 논리라면 나치 독일의 유대인 학살이나 전두환 정권의 광주 학살도 비판하기 어렵다. 만약 그런 입장이라면, "경제 대공황을 딛고 일어서서 실업난을 구제하고 유럽을 재패하여 독일을 세계적 강대국으로 키워낸 나치 정권이 얼마나 위대한가? 또한 오일쇼크로 인한 높은 물가와 취업난을 일거에 해결하여 삶의 질을 높인 전두환 정권이 얼마나 훌륭한가? 그런데 왜 이들 정권을 악의적으로 매도하는가?" 하고 주장해도 대꾸할 논리가 없을 것이다.

실제 역사에서 부원배들은 고려인의 미움을 한 몸에 받았다. 공민왕은 몽골 세력을 몰아내고 강력한 자주화 정책을 펼치면서 그동안 몽골의 위세를 등에 업고 동족을 착취하며 부귀영화를 누리던 부원배를 모조리 숙청했다.

정리하면 몽골제국이 주도한 세계화는 긍정적인 면과 부정적인 면을 모두 갖고 있었다. 고려는 몽골제국을 통해 들어온 문물로 사회적 도움을 얻고 문화가 다양해지는 혜택도 누렸다. 그러나 몽골

14세기 이란에서 그려진 몽골 기병들의 전투 장면

제국의 후신인 원나라가 강요한 무리한 전쟁에 억지로 참가하여 많은 인명 피해를 보았으며, 원나라에 바치는 공물로 인해 백성들은 큰 수탈을 당하여 민폐가 심했다. 이러한 점을 감안한다면, 몽골제국의 시대를 미화하는 것은 적합하지 않다. 그러한 주장은 다분히 1990년대 후반에 한국 사회를 지배한 글로벌 경제와 세계화라는 시류에 영합하는 곡학아세에 가깝다.

우리에게 중요한 점은 세계화가 과연 사람들에게 충분한 행복을 주고 있느냐 하는 부분이다. 사람과 물자의 이동이 자유로워졌다고는 하지만, 이런 현실에서 행복을 얻는 사람보다는 그렇지 못한 사람이 더 많다. 미국과 유럽, 한국과 일본 등지에서 이미 상당수의 젊은이가 신분 상승에 실패하고 절망에 빠져 무기력하게 지내고 있다. 반면 극소수의 글로벌 대기업이 국제무역에서 발생하는 이익을 독점하여, 사회적으로 빈부 차가 갈수록 심해지고 있다.

세계화는 아름답기만 한 천국을 보장해주지 않는다. 몽골제국이 지금보다 800년 앞서 세계화 시대를 열었다고 하나, 그 시절에 고려인들이 겪은 온갖 고통과 환란을 외면한 채, 세계화라는 오늘날의 추세에 알맞은 사례 몇 가지만 들고 나와 몽골제국의 지배를 받던 고려에 행복한 장밋빛 시절이 열린 것처럼 포장하려 든다면, 그것 역시 또 다른 역사 왜곡에 불과하다.

04

세종 VS 최만리

독자적 문자인가? 국제적 문자인가?

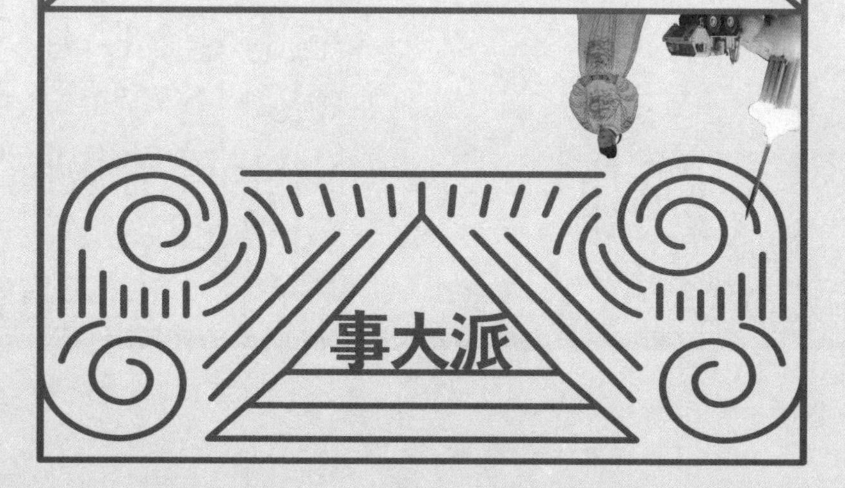

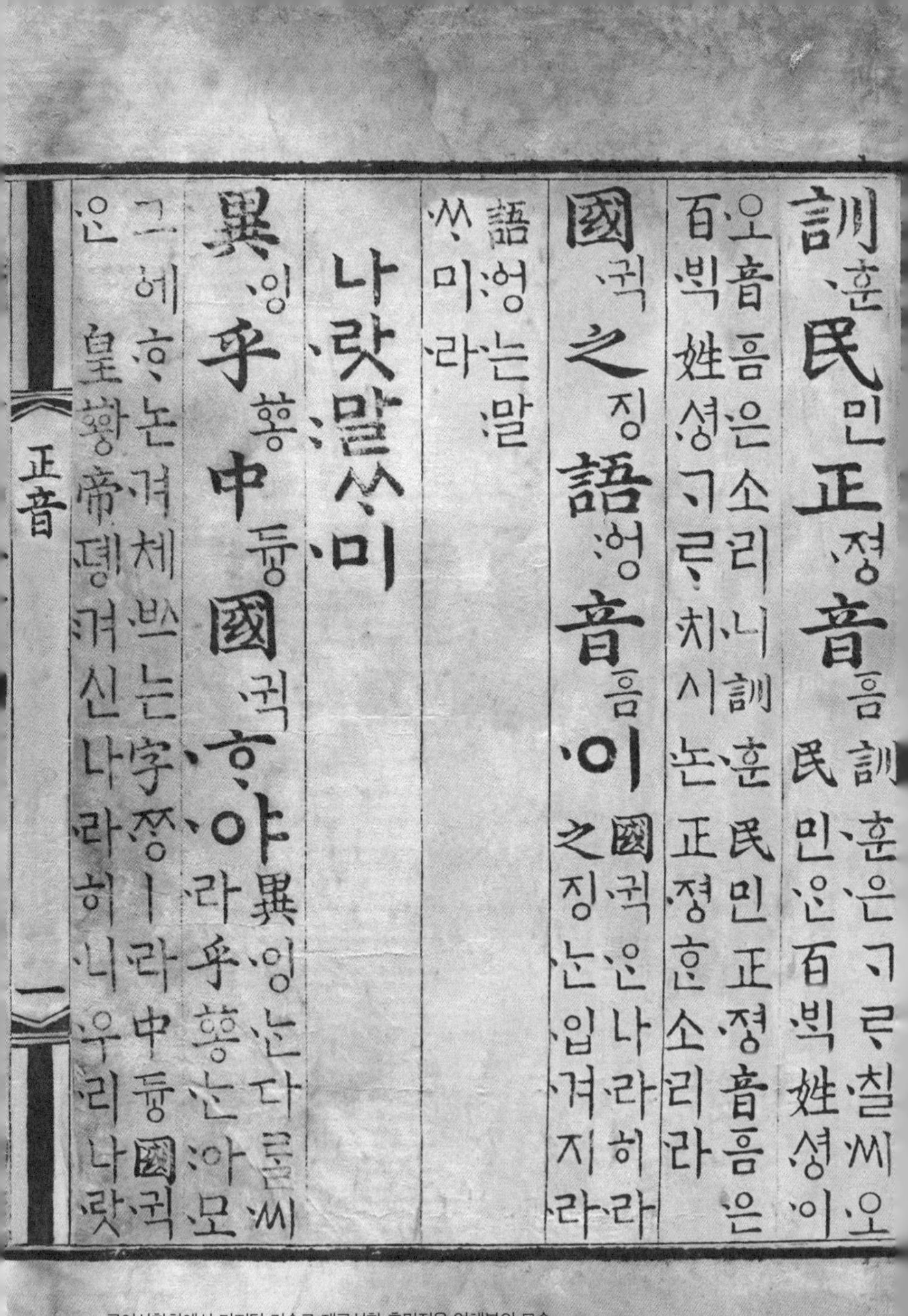

訓훈民민正졍音음

訓훈은 ᄀᆞᄅᆞ칠 씨오 民민ᄋᆞᆫ 百ᄇᆡᆨ姓셩이오 音음ᄋᆞᆫ 소리니 訓훈民민正졍音음ᄋᆞᆫ 百ᄇᆡᆨ姓셩 ᄀᆞᄅᆞ치시논 正졍ᄒᆞᆫ 소리라

國귁之징語ᅌᅥᆼ音음이

國귁ᄋᆞᆫ 나라히라 之징ᄂᆞᆫ 입겨지라 語ᅌᅥᆼᄂᆞᆫ 말ᄊᆞ미라

나랏 말ᄊᆞ미

異ᅌᅵᆼ乎ᅘᅩᆼ中듕國귁ᄒᆞ야

異ᅌᅵᆼᄂᆞᆫ 다ᄅᆞᆯ 씨라 乎ᅘᅩᆼᄂᆞᆫ 아모 그에 ᄒᆞ논 겨체 ᄡᅳᄂᆞᆫ 字ᄍᆞᆼㅣ라 中듕國귁ᄋᆞᆫ 皇ᅘᅪᆼ帝뎽 겨신 나라히니 우리 나랏

국어사학회에서 디지털 기술로 재구성한 훈민정음 언해본의 모습

04

조선이 우리 역사에 남긴 가장 훌륭한 문화유산은 바로 한글이다. 한글은 조선의 네 번째 임금인 세종이 만들었다. 이 때문에 세종은 한국에서 가장 위대한 왕으로 추앙받으며, 한글 창제의 업적을 기려 그의 동상이 서울 한복판인 광화문 광장에 세워져 있다.

그런데 한글 창제 과정에는 일반인에게 가려진 어두운 구석도 있다. 흔히 어린이용 대상의 위인전에는 세종대왕이 집현전 학자들과 상의하여 한글을 함께 만들었다고 기록되어 있으나, 전혀 사실이 아니다. 한글은 세종대왕이 세자인 문종을 포함한 극소수의 측근과 비밀리에 만들었다. 그렇게 완성한 한글을 세종대왕이 공개하자 최만리를 비롯한 집현전의 학자들은 크게 반발했다.

오랑캐가 되어서는 안 된다!

흔히 세종대왕의 한글 창제에 집현전 학자들이 참여했다고 알고 있으나, 이는 잘못된 것이다. 집현전 학자들은 한글 창제에 관여하지 않았다. 오히려 집현전을 대표하던 최만리 같은 학자들은 세종대왕이 한글을 만들었다는 소식이 알려지자, 이를 반대하는 상소를 올리기까지 했다. 아래 소개할 글이 바로 그 상소의 내용이다.

1. 우리 조선은 조종 때부터 내려오면서 지성스럽게 대국大國(중국)을 섬기어 한결같이 중화中華의 제도를 준행遵行하였는데, 이제 글을 같이하고 법도를 같이하는 때를 당하여 언문을 창작하신 것은 보고 듣기에 놀라움이 있습니다. […] 만일 중국에라도 흘러 들어가서 혹시라도 비난하여 말하는 자가 있사오면, 어찌 대국을 섬기고 중화를 사모하는 데에 부끄러움이 없사오리까.

2. 오직 몽고蒙古·서하西夏·여진女眞·일본日本과 서번西蕃의 종류가 각기 그 글자가 있으되, 이는 모두 이적夷狄(오랑캐)의 일이므로 족히 말할 것이 없사옵니다. […] 이제 따로 언문을 만드는 것은 중국을 버리고 스스로 이적과 같아지려는 것으로서, […] 어찌 문명

의 큰 흠절이 아니오리까.

3. 신라의 설총이 이두를 만든 지가 천 년이나 되었는데, 어찌 예로부터 시행하던 폐단 없는 글을 고쳐서 따로 야비하고 상스러운 무익한 글자(한글)를 창조하시나이까.

4. 만약에 언문(한글)을 시행하오면 관리 된 자가 오로지 언문만을 습득하고 학문하는 문자를 돌보지 않아서 이원吏員이 둘로 나눠어질 것이옵니다. 진실로 관리 된 자가 언문을 배워 통달한다면, 후진後進이 모두 이러한 것을 보고 생각하기를, 27자의 언문으로도 족히 세상에 입신立身할 수 있다고 할 것이오니, 무엇 때문에 고심노사苦心勞思하여 성리性理의 학문을 궁리하려 하겠습니까.

이렇게 되오면 수십 년 후에는 문자(한자)를 아는 자가 반드시 적어져서, 비록 언문으로써 능히 이사吏事를 집행한다 할지라도, 성현의 문자를 알지 못하고 배우지 않을 것입니다.

– 세종 26년(1444년) 2월 20일 《세종실록》 103권, 집현전 부제학 최만리 등이 언문 제작의 부당함을 아뢰다

위의 상소문에서 최만리가 한글 창제를 반대하는 이유는 크게 네 가지로 나뉜다.

첫째, 중국이 조선에서 한자가 아니라 독자적 문자인 한글을 만

들었다는 사실을 알게 된다면, 조선이 어떤 비난을 받을지 모르며 중국을 섬기는 데 부끄러운 일이라는 것이다.

둘째, 독자적 문자를 만든 나라는 몽고(몽골)와 서하와 여진과 일본과 서번(티베트)인데, 이런 나라는 모두 미개한 오랑캐라는 것이다.

셋째, 신라의 설총이 한자로 우리말을 표현할 수 있는 이두를 만든 지가 이미 1000년이나 되었는데, 무엇 때문에 일부러 한글을 만드느냐는 것이다.

넷째, 만약 한글을 정식으로 발표하면, 모두가 배우기 편한 한글만 익히고 배우기 어려운 한자는 익히지 않아서 한자로 이루어진 유교 경전도 공부하지 않으리라는 것이다.

반대 이유를 요약하면, 최만리 등 집현전 학자들은 조선이 철저하게 중국 문화를 배우는 '모범생'이 되어야지, 오랑캐같이 독자적 글자를 만드는 '반항아'가 되어서는 안 된다는 의미에서 한글 창제를 반대했다. 이런 사람을 일컫는 알맞은 이름이 있는데, 바로 '사대주의자'다. 즉 최만리와 집현전 학자들은 중국을 섬기는 사대주의자였기 때문에 한글 창제를 반대한 것이다.

아울러 최만리는 한글을 가리켜 "야비하고 상스러우며 이로움이 없는 글자"라는 막말까지 퍼부었으며, 한글만 배운다면 장차 누가 힘들게 성리의 학문, 즉 성리학(유학)을 배우겠느냐고 주장했다. 이 문장을 두고, 일부 연구자들은 최만리가 조선의 폐쇄적인 성리학 지식인을 상징하는 인물이라고 본다. 일부러 배우기 어려운 한자만을 고집하고 한글을 깔보며 멀리했던 진짜 이유는 바로 지식과 문자 권력을 계속 손에 쥐기 위해서였다는 것이다.

중세 유럽에서 종교개혁가들이 어려운 라틴어로 쓰인 성경을 각 나라 언어로 쉽게 번역하자, 가톨릭 성직자들은 "아무나 성경을 쉽게 읽고 해석한다면 성직자는 대체 뭐가 된단 말이냐? 이는 신성모독이다!"라며 강하게 반발했다. 일반인이 배우기 어려운 라틴어 성경을 고집해야 가톨릭교회가 지식을 독점하여 사회를 지배하기에 유리했다. 그런데 성경이 각 나라 언어로 번역된다면 라틴어 성경은 그 가치와 존재 이유를 잃게 되며, 이는 곧 가톨릭교회가 지식을 독점하고 사회를 지배하는 권한이 무너지는 결과로 이어질 터였다.

최만리는 영어공용화나 한자혼용을 외치고 미국과 일본 등 강대국들을 숭배하면서, 한글을 폄하하고 자국 국민을 '무식하고 미개한 것들'이라며 업신여기는 오늘날 한국의 사대적 지식인들과 다르지 않다고 볼 수 있다.

한편 최만리의 상소를 받아든 세종은 크게 화를 내며 다음과 같이 반박했다.

너희가 이르기를, '음音을 사용하고 글자를 합한 것이 모두 옛 글에 위반된다.' 하였는데, 설총의 이두도 역시 음이 다르지 않으냐. 또 이두를 제작한 본뜻이 백성을 편리하게 하려 함이 아니겠느냐. 만일 그것이 백성을 편리하게 한 것이라면 이제의 언문은 백성을 편리하게 하려 한 것이다. 너희가 설총은 옳다 하면서 임금이 하는 일은 그르다 하는 것은 무엇이냐. 또 네가 운서韻書를 아느냐. 사성칠음四聲七音에 자모字母가 몇이나 있느냐. 만일 내가 그 운서를 바로잡지 아니하면 누가 이를 바로잡을 것이냐. 또 소疏에 이르기를, '새롭고 기이한 하나의 기예技藝라.' 하였으니, 내 늘그막에 날[日]을 보내기 어려워서 서적으로 벗을 삼을 뿐인데, 어찌 옛 것을 싫어하고 새 것을 좋아하여 하는 것이겠느냐. 또는 전렵田獵으로 매사냥을 하는 예도 아닌데 너희의 말은 너무 지나침이 있다. […] 너희가 시종侍從하는 신하로서 내 뜻을 밝게 알면서도 이러한 말을 하는 것은 옳지 않다.

세종은 백성이 편하게 하기 위해서 우리 글자를 만들었다고 변론했다. 요즘 상황에 빗대면, 최만리로 대표되는 집현전 학자들은

세종대왕. 한글 창제의 업적으로 한국사 최고의 성군으로 칭송받게 되었다.

세조 때 발간된 《월인석보》 권두에 수록된 세종의 서문 세계를 주도하는 초강대국인 미국의 제도와 문물을 따르자고 주장하는 국제주의자이며, 세종은 우리나라의 실정에 맞는 제도와 문물을 따로 만들자는 자주파인 셈이다. 다행히 세종은 최만리 같은 집현전 학자들의 반대를 무릅쓰고 한글 창제와 반포를 강행했다. 그 덕분에 오늘날 우리는 어려운 한자를 배우느라 머리를 괴롭히며 시간을 들이지 않고도 편안하게 소통할 수 있다.

최만리는 감옥에 갇혔다가 그다음 날 풀려났고, 1년 후인 1445년에 죽었다. 혹시 사약이라도 받고 죽었다면 기록이 남아야 하는데 그런 내용이 없는 것으로 보아서, 병에 걸려 자연적으로 죽은 듯하다. 그 이후로 최만리는 《조선왕조실록》에 고작 3번만 언급되며 완전히 역사 속에서 잊혔다.

조선 시대 한글의 위상

수많은 신하의 반발 속에서 어렵게 빛을 본 한글은 세종이 죽은 이후에도 사라지지 않고 계속 사용되었다. 도중에 연산군이 자신을 비방한 벽보가 한글로 쓰인 것을 보고 분노하여 한글 사용을 금지한 적도 있으나 얼마 후 중종반정으로 연산군이 쫓겨나면서 한글은 살아남을 수 있었다.

조선 사회에서 한글은 이중적 성격을 가진 문자였다. 일단 왕에서 일반 백성에 이르기까지 많은 사람이 한글을 폭넓게 쓰고 배웠다. 임진왜란 시절, 선조는 일본군에게 붙잡히거나 협조하는 조선 백성을 상대로 이제라도 일본군을 떠나 돌아온다면, 지난날 지은 죄를 모두 용서하고 어떤 책임도 묻지 않겠다는 내용의 문서를 한글로 써서 공표했다. 효종은 시집간 딸한테 남편에게 충실하게 살라는 편지를 한글로 썼으며, 유명한 학자인 송시열은 손녀와 며느리에게 부녀자의 도리에 대해 한글로 쓴 글을 선물했다. 또 조선 후기에 이르면, 백성들이 직접 한글로 쓴 수많은 소설과 문헌이 쏟아져나오기도 했다. 우리에게 잘 알려진 소설인 《홍길동전》이나 신비한 예언서로 알려진 《정감록》 등이 모두 한글로 된 문헌이어서 그만큼 많은 백성에게 오랫동안 사랑을 받았다.

하지만 조선 시대에 한글은 어디까지나 한자의 보조 역할로 2등 문자에 머물렀을 뿐이다. 《조선왕조실록》 같은 국가공식문서는 전부 한자로 기록된 반면, 양반들은 한글이 여자들이나 쓰는 수준 낮은 글자라는 의미로 "암글"이라 불렀다. 그리고 조선이 망한 이후에도 한글은 한동안 지식인들에게 천시를 받았다. 가령 1919년에

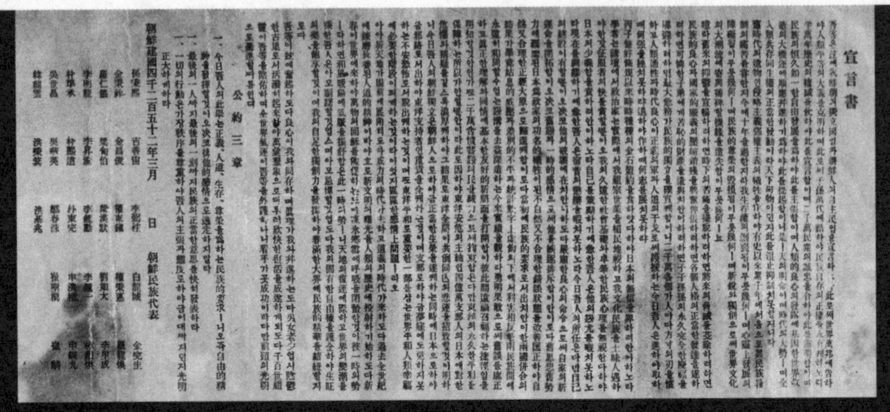

宣言書

公約三章

一、今日吾人의此擧는正義、人道、生存、尊榮을爲하는民族的要求ㅣ니오즉自由的精神을發揮할것이오決코排他的感情으로逸走하지말라

一、最後의一人까지最後의一刻까지民族의正當한意思를快히發表하라

一、一切의行動은가장秩序를尊重하야吾人의主張과態度로하야금어대까지던지光明正大하게하라

朝鮮建國四千二百五十二年三月 日 朝鮮民族代表

孫秉熙 吉善宙 李弼柱 白龍城 金完圭
金秉祚 金昌俊 權東鎭 權秉悳 羅龍煥
羅仁協 梁甸伯 梁漢默 劉如大 李甲成
李明龍 李昇薰 李鍾勳 李鍾一 林禮煥
朴準承 朴熙道 朴東完 申洪植 申錫九
吳世昌 吳華英 鄭春洙 崔聖模 崔麟
韓龍雲 洪秉箕 洪基兆

1919년 3월 1일 삼일운동에 맞춰 민족대표 33인이 조선의 독립을 국내외에 선언했다. 최남선이 기초를 잡은 선언서를 만해 한용운이 보고 너무 어려운 한문 투인 데다가 내용이 온건하다 하여 다시 쓰기를 자청했으나 받아들여지지 않았다.

작성된 〈기미독립선언서己未獨立宣言書〉는 모든 단어가 한자로 쓰였으며 한글은 그저 단어 사이에 들어간 보조 역할밖에 하지 못했다.

> 吾等은 玆에 我 朝鮮의 獨立國임과 朝鮮人의 自主民임을 宣言하노라. 此로써 世界萬邦에 告하야 人類平等의 大義를 克明하며, 此로써 子孫萬代에 誥하야 民族自存의 正權을 永有케 하노라.

이것이 〈기미독립선언서〉의 첫머리다. 오늘날 사람들이 본다면 이해하기가 무척 어렵다. 그래서 다음과 같이 한글로 음가를 달아 주면 보다 쉽게 이해된다.

> 吾等(오등)은 慈(자)에 我(아) 朝鮮(조선)의 獨立國(독립국)임과 朝鮮人(조선인)의 自主民(자주민)임을 宣言(선언)하노라. 此(차)로써 世界萬邦(세계만방)에 告(고)하야 人類平等(인류평등)의 大義(대의)를 克明(극명)하며, 此(차)로써 子孫萬代(자손만대)에 誥(고)하야 民族自存(민족자존)의 正權(정권)을 永有(영유)케 하노라.

이렇듯 조선이 망한 이후에도 한자를 숭배하고 한글을 경시하는 풍토는 매우 강했다. 그러다가 주시경 선생이 우리 글자를 하찮게 여기는 분위기를 안타깝게 여기며 한글 사용을 적극 권장하고, 일제가 패망하고 독립한 이후에는 박정희 정부와 전두환 정부가 일상에서 한자 대신 한글전용 정책을 추진하면서 오늘날 한글이 한국인의 문자로 남을 수 있었다. 나는 개인적으로 군사 독재 정권의 인권 탄압을 매우 부정적으로 보지만, 그들이 추진한 한글전용화 정책만큼은 그나마 국민을 위해 한 일이었다고 평가한다.

한글의 뛰어난 점과 편리함

사실 동북아 각국의 독자적 문자 중 한글은 상당히 늦게 만들어졌다. 한자를 제외하고 가장 먼저 만들어진 문자는 7세기에 인도 문자를 개량한 티베트 문자였으며, 비슷한 시기 신라와 일본에서 한자를 개량한 문자인 이두와 가나가 등장했다. 그다음으로 8세기에 돌궐(현재 몽골)에서는 시리아 문자를 개량하여 돌궐 문자를 만들었고, 9세기에 위구르에서는 돌궐 문자를 개량한 위구르 문자를, 10세기에 거란과 서하에서는 한자를 개량한 거란 문자와 서하 문자를, 12세기 여진에서는 거란 문자를 개량한 여진 문자를, 13세기 몽골에서는 위구르 문자를 개량한 몽골 문자와 티베트 문자를 개량한 파스파 문자를 만들었다. 그러다 조선에서는 15세기에 이르러서야 세종이 한글을 창제했다.

한글은 가장 나중에 만들어졌지만 가장 최근에 만들어진 덕분에 탁월하고 편리한 문자였다. 우선 익혀야 할 글자의 수가 28자로 매우 적다는 것이 장점이었다. 글자의 수가 적다는 장점은 글자의 수가 무려 6만 자나 되는 한자와 비교해보면, 금세 드러난다. 한글은 28개 글자만 알면 글을 쓰고 읽는 데 아무런 문제가 없지만, 한자는 최소한 3000개의 글자를 익혀야 글을 쓰고 읽는 데 지장이 없다. 그나마 3000개도 자주 쓰는 중요한 글자만 간추린 것이다. 평소에 잘 쓰지 않는 한자를 알기 위해서는 옥편이라는 한자 사전을 일일이 들춰봐야 한다. 얼마나 불편한가? 글자의 수가 무려 6만 자나 되니, 평생 배워도 한자를 다 알기가 불가능할 지경이다. 오죽하면 중국인들조차 자조적으로 "모든 한자를 배워보는 것이 평생소원"이라고 말하겠는가?

한자의 본고장인 중국에서조차 한자 획을 줄인 간자체가 쓰이며, 일본에서는 한자의 밑에다가 발음을 가나(한자를 모방해 만든 일본 문자)로 적는다. 이처럼 한자는 배우고 쓰는 데 쉬운 글자가 아니다.

이런 말을 하면 누군가 "한글은 짧은 시간 안에 배울 수 있는 단순한 글자라 수준이 낮고, 한자는 오랜 시간을 들여 배워야 하는 복잡한 글자이니 수준이 높다. 그러니 한자야말로 진정한 문자다!"라고 주장할지도 모른다.

그러나 단순한 것이 무조건 나쁜 것은 아니며, 복잡한 것이라고 해서 무조건 좋기만 한 것도 아니다. 군사무기만 봐도 그렇다. 소련에서 만든 AK-47 소총은 구조가 매우 단순하지만, 탱크가 깔고 지나가도 고장이 나지 않고 바로 쏠 수 있을 만큼 튼튼하다. 그래서 AK-47 소총은 지금까지 전 세계적으로 1억 정이나 만들어져 사용될 정도로 인기 있는 무기다. 반면 우주왕복선에는 복잡한 기계 부품이 많이 들어가다 보니, 고장이 잦고 심지어 기계 오류로 인해 폭발하여 승무원이 사망하는 사고까지 발생한다.

한글은 발음기호를 기반으로 만든 표음문자인데 반해, 한자는 그림문자에서 시작된 표의문자이다(종종 한자가 부적 같은 주술적인 도구에 쓰이는 것도 글자 하나하나에 제각기 뜻이 담겨 있기 때문이다). 이 역시 한글의 과학적 원리를 돋보이게 하는 대목이다.

최만리는 살아 있다

세종은 오늘날 수많은 사람에게 우리 문자인 한글을 만들고 우리 민족의 자주 문화를 지킨 성군으로 칭송을 받는다. 이에 반해, 중국을 섬기는 데 지장이 있다며 한글 창제를 비난했던 최만리는 그 이름을 기억하는 사람조차 드물다. 이 결과만 본다면 자주파인 세종대왕은 역사의 승리자요, 사대파인 최만리는 역사의 패배자처럼 여겨질 수 있다.

하지만 오늘날 한국에 최만리 같은 사람들이 없을까? 그렇지 않다. 최만리와 조금도 다르지 않은 사대주의자들이 한국 지식인 가운데 얼마나 많은가?

2000년대 들어 중국이 경제성장에 힘입어 점차 영향력이 강해지자, 앞으로는 중국이 세계를 지배할 시대가 온다면서 한자 교육을 강화해야 한다는 주장이 나왔다. 심지어 한글전용 정책을 버리고, "丙子修好條規 以來 時時種種의 金石盟約을 食하얏다"라는 식으로 국한혼용 정책을 해야 선진국(그 선진국 타령이 지겹지도 않은가!)이 될 수 있다면서 국민들을 선동하는 새로운 사대주의자, 아니 세종대왕 시절의 최만리와 똑같은 한자 사대주의자들이 무덤에서 기어 나오기도 했다.

이들의 주장은 영어공용화를 외치던 사람들의 주장과 논리가 거의 같다. 다만 숭배의 대상이 미국에서 중국으로 바뀌었을 뿐이다. 그들은 중국과 일본을 포함한 아시아 국가가 모두 한자를 쓰는데, 한국만 한자를 쓰지 않고 한글 쓰기를 고집하면 의사소통이 되지 않아 고립되어 후진국으로 전락한다고 겁을 준다.

하지만 이 역시 영어를 공용어로 써야 선진국이 된다는 주장처럼 어불성설이다. 무엇보다 아시아 국가들이 모두 한자를 쓴다는 주장 자체가 사실과 동떨어져 있다. 몽골은 러시아에서 들여온 키릴 문자를 쓰며, 베트남은 프랑스에서 들어온 알파벳을 개량한 문자인 '쯔꾸옥응으'를 쓴다. 미얀마와 태국과 캄보디아는 인도 문자를 개량한 미얀마 문자와 태국 문자와 크메르 문자를 사용하며, 인도네시아는 알파벳과 아랍 문자를 함께 쓴다. 한자를 쓰지 않는 이 나라들은 아시아가 아니라 도대체 어디에 있다는 말인가?

한국의 보수 지식인들은 "한자를 쓰지 않으면 아시아 국가도 아니다. 한자를 쓰지 않으면 중국이나 일본에서 온 관광객이 한국을 이상하게 본다!"라며 호들갑을 떤다. 그러나 한자를 쓰지 않는 몽골과 베트남, 미얀마, 태국, 인도네시아가 아시아 국가가 아니라거

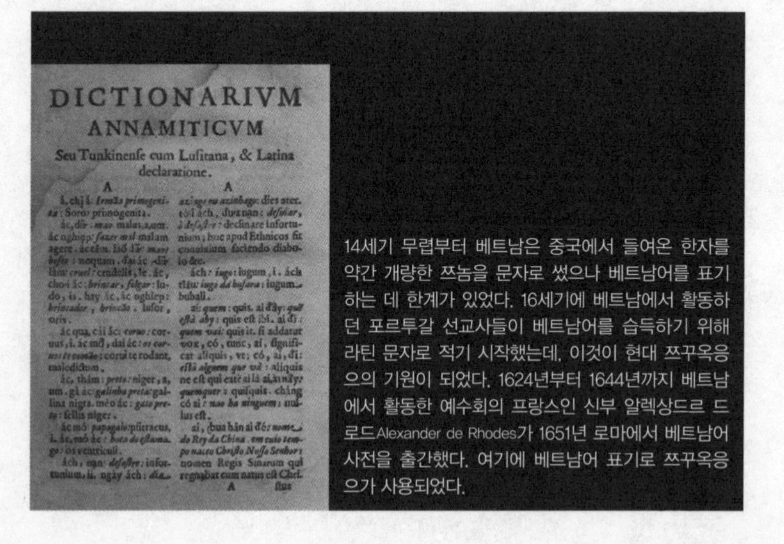
DICTIONARIVM
ANNAMITICVM
Seu Tunkinenſe cum Luſitana, & Latina
declaratione.

14세기 무렵부터 베트남은 중국에서 들여온 한자를 약간 개량한 쯔놈을 문자로 썼으나 베트남어를 표기하는 데 한계가 있었다. 16세기에 베트남에서 활동하던 포르투갈 선교사들이 베트남어를 습득하기 위해 라틴 문자로 적기 시작했는데, 이것이 현대 쯔꾸옥응으의 기원이 되었다. 1624년부터 1644년까지 베트남에서 활동한 예수회의 프랑스인 신부 알렉상드르 드 로드Alexander de Rhodes가 1651년 로마에서 베트남어 사전을 출간했다. 여기에 베트남어 표기로 쯔꾸옥응으가 사용되었다.

나 이상하다고 말하는 사람을 도무지 보지 못했다. 각국 사람이 각자의 글자를 사용하며 아무 불편 없이 잘 살고 있는데, 어째서 외부인이 그에 대해 왈가왈부하는가? 마찬가지로 한국인이 한글을 쓰고 한자를 쓰지 않는다고 해서 어째서 그게 외국 관광객에게 흉잡힐 일이 될까? 한국인 스스로가 일상에서 한글을 쓰면서 편리하고 만족하면 될 일이다.

한자를 안다고 해도 중국인이나 일본인과 의사소통하는 것은 쉽지 않다. 같은 한자를 쓰더라도 뜻이 다른 경우가 많기 때문이다.

가령 똑같은 한자 단어인 병법兵法이 한국에서는 '많은 군사를 부리는 작전술'로 통하는 반면, 일본에서는 '개인이 창이나 칼 등의 무기를 사용하는 무술'을 뜻하는 전혀 다른 말이 되어버린다. 한국의 병법에 해당하는 일본식 한자 단어는 군략軍略이다. 그러니 한국인이 병법이라는 말을 일본인에게 전달하고 싶으면, 병법이라는 한자 대신에 군략이라는 전혀 다른 한문을 써줘야 한다.

예를 더 들자면, 사탕砂糖은 한국에서 '설탕을 굳혀 만든 간식'으로 통하지만, 일본에서는 설탕으로 통한다. 애인愛人은 한국에서 '사랑하는 사람'으로 통하지만, 일본에서는 '떳떳하지 못한 관계에 있는 사람'으로 통한다. 취업就業은 한국에서 '직장을 구하는 일'이지만, 일본에서는 '직장에서 일하는 것'으로 통한다. 토룡土龍은 한국에서 '지렁이'를 뜻하지만, 일본에서는 '두더지'다. 감서甘藷는 한국에서 '감자'지만, 일본에서는 '고구마'다. 절수切手는 한국에서 '손을 자른다'이지만, 일본에서는 '우표'를 뜻한다.

이에 더해서 아예 서로 다른 뜻으로 쓰이는 한자어도 상당히 많다. 한국어의 갈색褐色에 해당하는 일본어는 다색茶色이다. 그러니까 한국인이 갈색이라고 적어줘도 일본인은 그것이 무슨 뜻인지 알지 못한다는 말이다. 마찬가지로 한국어의 감기感氣에 해당하는 일본어는 풍사風邪다. 한국어의 개업의開業醫는 일본어의 정의町医, 한국어의 회춘回春은 일본어에서 약반若返으로 쓰인다. 이러니 단순히 한자만 안다고 일본인과 의사소통이 수월하리라고 생각하면 곤란하다.

한자 사대주의자들은 "한자를 배워야 떠오르는 중국의 시대에 대비할 수 있다!"라며 국민 모두가 한자를 배워야 한다고 외치고 있다. 그러나 이는 옳지 않다. 정작 중국에서는 간자체를 쓰고 있기 때문이다. 20세기 들어 중국의 지식인들은 한자의 획이 많아 근대 문물을 받아들이기가 불편하다고 하여 획을 대폭 줄인 간화자簡化字(간자체)를 만들었다. 지금 간자체를 쓰는 중국인에게 우리가 쓰는 한자 정자체를 내밀면 알아듣지 못하는 경우가 많다. 중국인과 글로 의사소통을 하려면 중국의 간자체를 따로 배워야 한다.

또한 중국은 엄연히 한국과 다른 문화를 가진 나라다. 한 예로 한국인은 하얀색을 성스럽게 생각하지만, 중국인들은 죽음을 상징하는 재수 없는 색이라고 생각한다. 한국인은 "빨갱이"라는 말을 쓸 정도로 붉은색을 꺼려 하지만, 중국인에게 붉은색은 행운과 위엄을 상징하는 최고의 색이다.

이러나 한자만 안다고 중국인이나 일본인과 의사소통이 잘된다는 보장은 없다. 차라리 중국어와 일본어를 따로 배우고 그 문화를 익히는 편이 더 낫다.

하물며 오늘날 한국은 이미 한글전용 정책을 수십 년 동안 써왔다. 학술 용어가 아닌 이상, 사람들은 한글전용 정책에서 큰 불편함을 느끼지 못하고, 굳이 어려운 한자를 배우지 않아도 일상생활에 아무런 무리가 없다. 일본식 한자 용어를 받아들였던 법률계조차 사람들이 법률용어를 알아듣기 어렵다는 문제점을 인식하고 쉬운 우리말로 바꾸려 하는 추세다. 이 와중에 굳이 광복 이전의 시대로 돌아가서 국한혼용이나 병용 정책을 추진해야 할 이유가 무엇인가? 공연히 불편함과 번거로움만 주는 꼴이 아닐까?

한글전용과 국한혼용 및 병용을 비교해보면, 어느 쪽이 더 편리한지 금방 드러난다. 한글로만 문장을 적는 것과 한자를 섞어 쓰거나 한글과 한자를 함께 쓰는 문장을 비교해보라. 한글로만 적는 것에 비해서 한자혼용이나 병용은 더 많은 지면을 차지하고, 읽는 사람에게 불편함과 번거로움을 준다. 요즘 같이 1분 1초가 아쉬운 정보화 시대에 이는 곤란한 문제가 될 것이다.

한글전용이 같은 발음과 다른 뜻을 지닌 동음이의어 때문에 문제가 많다는 주장도 있지만, 이러한 문제는 한자라고 피해가지 못한다. 한자에도 비슷하게 생겼지만 전혀 다른 뜻을 지닌 문자가 적지 않다. 예를 들면 큰 대大 자와 개 견犬 자가 그렇다. 1950년 8월 29일, 《대구매일신문》은 한자 표기로 '이승만李承晩 대통령大統領'을 '이승만李承晩 견통령犬統領'으로 잘못 적었다가 망신을 당하기도 했다.

한편 한자를 써야만 전통문화와 역사를 더욱 잘 이해할 수 있다는 주장도 동의하기 힘들다. 한자로 쓰인 《삼국사기》《고려사절요》《조선왕조실록》의 어마어마한 기록 전체를 한국 국민 5000만 모두가 외우고 해석할 필요가 있을까? 이런 것은 한자와 역사에 능숙한 전문 연구가들이 한글로 번역하여, 국민에게 널리 알리면 될 일이다. 마치 근대 일본이 영어 문헌을 쉽게 번역해서 일본인에게 잘 알려주었던 것처럼 말이다.

한자를 써야 전통문화와 역사를 잘 이해할 수 있다는 주장이 정말 진실한 것인지도 의심된다. 정작 이런 주장을 펴는 사람 중 상당수는 우리나라 문화유산에 대해 자부심도 애착도 없다. 예를 들어보자. 1990년대 경주의 어떤 국회의원은 "문화재가 밥 먹여주느냐!"면서 천년 신라의 수도로 문화유산이 가득한 경주에 고속철이 통과하도록 밀어붙였다. 2014년 강원도 춘천에서 발견된 선사시대 유적지 자리에다 관광객을 유치해 돈을 벌어야 한다며 레고랜드를 짓도록 밀어붙인 사례도 있다. 그런데 '한자를 써야 역사와 문화에 대해 잘 알 수 있다'고 주장하던 사람들은 어째서 이런 문화유산 파괴 사례에 대해서 방관했던 것일까? 귀중한 문화유산을 파괴하는 공사들을 중단하라는 요구도 하지 않은 채, 그저 한자를 써야 역사와 문화를 잘 안다고 주장하는 것은 무의미하고 공허한 일이다.

그렇다면 국한혼용에 찬성하는 사람들의 진짜 속마음은 무엇일까? 두 가지의 속내를 짐작해볼 수 있다. 첫 번째는 한자 교재를 많이 팔아 돈을 벌려는 속셈이다. 실제로 서점에 가보면, 한자 교재를 전시해놓은 공간이 상당한 자리를 차지하고 있다. 중국과 사업거래를 위해 한자를 배워야 한다며(물론 중국은 한국처럼 정자가 아닌 간자체를 쓰지만) 한자 교재가 쏟아져나오고 있다. 한자 교재들을 찍어내는 출판사나 그런 책을 만드는 사람들은 자신의 돈벌이를 위해 국한혼용을 강력히 주장하는 것 같다.

두 번째 속내는 좀 더 위험하다. 한글 그 자체를 한국에서만 쓰는 미개하고 후진적인 문자로 업신여기며 세계 최고의 선진국인 일본처럼 우리도 한자를 혼용해야 선진국이 될 수 있다는 사대주의적 환상을 품고 한자혼용을 주장하기 때문이다. 실제로 국내에서 국한혼용을 찬성하는 사람 중 상당수가 극우 성향이며, 또 일본 극우와 밀접한 친분을 과시하며 일본의 제국주의화나 재무장 움직임에 찬성하고 있다. 쉽게 말해서 일본을 큰형님으로 모시고 그 밑에서 지분을 받아 잘 먹고 잘 살려는 욕심에서, 그 일에 방해되는 한글을 치우고 일본과 의사소통이 좀 더 편하게 한자를 많이 쓰자는 것이다.

한자를 한글과 함께 섞어서 사용해야 한다고 주장하는 사람들은 "우리말의 70퍼센트가 한자에서 나왔으니, 한자를 모르면 제대로 의사소통을 할 수 없다. 그러니 한자를 의무적으로 공부해야 한다"라는 이유를 댄다. 그러나 이는 사실이 아니다. 2002년 국립국어연구원이 발표한 '현대 국어 사용 빈도 조사'에 의하면, 한국어에 포함된 한자어는 고작 35퍼센트라고 한다. 또한 한글학자인 정재도가 펴낸 《우리말 큰사전》에 따르면, 지금 일상에서 쓰지 않는 죽은 한자어를 전부 없애면 한자 비중이 30퍼센트 이내로 줄어든다고 한다(이무완 기자, 〈'교과용 도서 한자 병기' 법안, 한번 따져봅시다〉, 《오마이뉴스》, 2013년 10월 10일).

그럼 한국어에 섞인 한자가 70퍼센트나 된다는 말은 어디에 근거한 것일까? 윤철상 민주당 의원의 분석에 따르면, 순리巡吏, 벽락碧落, 벽소碧霄, 진유眞鍮, 은문恩問같이 지금은 쓰지도 않는 죽은 한자어까지 마구잡이로 한국어에 포함시킨 결과라고 한다(구영식 기자, 〈학자 500명 8년 작업 '표준국어대사전' 中·日서도 안 쓰는 말 '부지기수'〉, 《오마이뉴스》, 2002년 10월 4일).

이런 죽은 한자 단어를 오늘날 구태여 사용하거나 배워야 할 필요가 있을까? 한자 문헌을 전문적으로 연구하는 사람이 아닌 이상 불필요한 일이다. 우리가 일상에서 아이폰을 사용한다고 해서, 모든 아이폰 이용자가 아이폰 부품을 조립하거나 아이폰에 들어가는 프로그램을 직접 만들 능력을 갖출 필요가 없는 것과 마찬가지다.

한국어 상당수가 한자 단어에서 비롯되었으니 한자를 알아야 한국어의 정확한 뜻을 이해할 수 있다는 한자전용론자의 주장대로라면, 이런 식의 반박도 가능하다. 현재 영어 단어의 약 80퍼센트가 고전 그리스어와 라틴어에서 유래했다. 그렇다면 고전 그리스어와 라틴어를 배워야 영어의 정확한 뜻을 이해할 수 있을 텐데, 왜 그렇게 하지 않을까? 이왕 배울 거라면 고전 그리스어와 라틴어를 배우는 편이 지성과 교양에 더 도움이 될 것 아닌가? 혹시 고

전 그리스어와 라틴어는 배우고 익혀봐야 그다지 돈벌이가 되지 않아서가 아닐까?

이렇듯 한자어가 한국어의 70퍼센트를 차지하므로 한자를 모르면 의사소통이 어렵다는 주장은 터무니없다. 지금 이 글을 쓰고 있는 나나 읽는 독자 여러분은, 한자전용론자들이 반드시 알아야 한다고 주장하는 한자 1800자 대부분을 몰라도 일상생활에서 다른 사람과 의사소통하거나 사회생활을 하는 데 별다른 문제를 느끼지 않는다.

일상에서 사용하지 않는 죽은 한자어도 쓸모가 아주 없지는 않을 것이다. 그러나 그런 논리를 연장하면 지금 한자의 기원이 된 고대 중국의 갑골문자를 쓰고 익히는 법도 학교에서 필수과목으로 배워야 하지 않을까? 이왕이면 갑골문자를 익히는 편이 한자 뜻을 보다 잘 이해하는 방편이 될 것이니 말이다. 한자어에는 인도의 산스크리트어에서 유래한 단어도 상당히 많으므로 한자 교육을 위해 산스크리트어도 가르쳐야 할 필요가 있는 것은 아닐까?

일부 한자 사대주의자들은 "한글전용의 폐해"를 운운하는데, 도대체 한글전용 정책이 초래한 폐해가 무엇일까? 한글전용을 시행했다고 해서 한국의 경제 규모가 축소되거나 국민소득이 낮아지거나 물가가 올라가기라도 했던 것일까? 오히려 한글전용 정책을 편

이후, 한국의 경제력과 문화 산업은 꾸준히 발전했으며, '한류'가 세계 곳곳으로 전파되어 한국 문화가 서서히 힘을 발휘하고 있다.

정말로 한글전용이 나쁘고 국한혼용이나 병용이 좋은 것이라면, 국한혼용 정책을 펼치던 구한말이나 일제강점기가 한글전용 정책을 펴는 오늘날 한국보다 더 경제와 문화가 발전하기에 유리했을 것이다. 하지만 "丙子修好條規 以來 時時種種의 金石盟約을 食하얏다"라는 식으로 지금보다 한자를 더 많이 섞어서 사용한 한자혼용 시대를 살았던 구한말의 조선은 중국과 일본에게 휘둘리다 힘없이 망하고 말았다. 그런데도 일부 한자 사대주의자들은 한국은 한자를 쓰지 않으니 한자를 사용하는 중국과 일본을 상대로 한 경쟁에서 결코 이길 수 없다는 식의 황당한 주장을 펴고 있다.

중세 유럽에서는 학생들이 고전을 반드시 알아야 한다고 해서 의무적으로 라틴어를 가르쳤다. 기독교 경전인 성경이나 다른 공식 문서도 거의 라틴어로 쓰여 있었다. 그런데 문제는 라틴어가 배우기 매우 어려운 언어라는 점이었다. 그래서 라틴어를 모르는 대다수는 글을 읽지 못했다. 중세 시대 대중의 상당수는 문맹이었고 지식과 교양에서 매우 수준이 낮았다. 마치 한자만을 공식 문자로 지정하여 소수 양반을 제외하고는 백성 대부분이 문맹이었던 조선과 사정이 같았다.

그런데 16세기에 종교개혁 운동이 일어나면서 성경과 다른 문서들이 어려운 라틴어 대신 각 나라의 말로 쉽게 쓰이기 시작했다. 그 덕분에 대중의 지식과 교양 수준이 높아졌다. 독일의 종교개혁가인 마르틴 루터가 왜 라틴어로 쓰인 불가타 성경을 독일어로 번역했을까? 성경이 어려운 라틴어보다는 쉬운 독일어로 쓰여 있어야 더 많은 독일인이 쉽게 성경을 읽고 그 뜻을 알 수 있기 때문이었다. 오늘날 독일인 중 그 누구도 마르틴 루터가 성경을 독일어로 번역해서 원래 그 뜻을 모르게 되었다며 그를 비난하지는 않을 것이다. 서양은 유럽의 한자에 해당하는 라틴어 독점체제를 벗어나면서 크게 발전했다.

한편 일본 우익 정치인과 지식인들은 틈만 나면 한국을 상대로 일본처럼 한국도 한자를 전용 또는 혼용하라고 권유한다. 하지만 이를 오해하면 안 된다. 그들이 한국인에게 한자전용과 혼용을 권하는 까닭은 한국인을 위해서가 아니다. 그저 자기들이 한글을 몰라서 알기 쉽게 한자를 섞으라는 속내에서 하는 말이다. 한국은 일본과 엄연히 다른 나라이며 한국만의 고유한 문자 정책이 있는데도 몇몇 일본인이 한국도 한자혼용과 병용을 해야 한다고 주장하는 것은 주제넘는 참견에 불과하다.

한국을 방문하는 일본인 관광객의 편의를 위해서 한자혼용을 해야 유리하다고 주장하는 사람도 있다. 그러나 한국의 관광지나 교통안내판에는 한글과 함께 영어와 일본어, 중국어로 표기된 곳이 많으며, 외국인 관광객을 위한 통역 봉사도 활발히 진행 중이다. 과연 모든 국민이 일본인 관광객을 위해서 불필요한 일에 에너지를 낭비할 필요가 있는지 의문이다.

첨단의 21세기에 한자의 결정적 단점은 읽고 쓰기가 어렵고 불편하다는 것이다. 한글보다 획수가 훨씬 많은 린鱗, 융隆, 장麞 같은 글자들을 쓰거나 입력하는 데 그만큼 시간이 오래 걸리고 지면도 많이 차지한다.

더욱이 일부러 많은 돈과 오랜 시간을 들여 한자를 공부한들, 과연 얼마나 도움이 될까? 많은 기업의 인사 담당자들은 새로운 직원을 선발할 때 가장 쓸모없는 스펙으로 '한자 자격증'을 꼽는다고 한다. 업무에서 한자를 활용하는 기업이 그리 많지 않기 때문이다. 중국과 일본을 상대로 하는 기업이라면, 한자 자격증보다 중국어와 일본어 자격증이 더 유용할 것이다. 실제로 한자 자격증은 취직에 거의 도움이 되지 않는다(〈인사 담당자들이 생각하는 '쓸모없는 스펙' 1위?〉, 《헤럴드경제》, 2013년 1월 16일).

오늘날에도 사대주의는 죽지 않았다. 껍데기만 바꾼 채로 살아있다. 2000년대 영어공용화나 2010년대 국한혼용 정책으로 이름만

달라졌을 뿐 본질은 달라지지 않았다. 한글을 야비하고 이로움이 없는 더러운 글자라고 모욕했던 최만리에 맞서 세종이 한글 창제를 강행했던 것처럼, 우리는 소중한 문화유산이자 정체성인 한글을 잘 지켜내야 한다. 그렇지 않으면 "세계화" "국제화" "글로벌 스탠더드" 같은 그럴싸한 이름을 내세운 최만리의 망령이 되살아나 또다시 조선 시대처럼 민중을 무지한 노예로 되돌리려 할 것이다.

05

이순신 VS 선조

조선 백성 덕분인가? 명나라 황제 덕분인가?

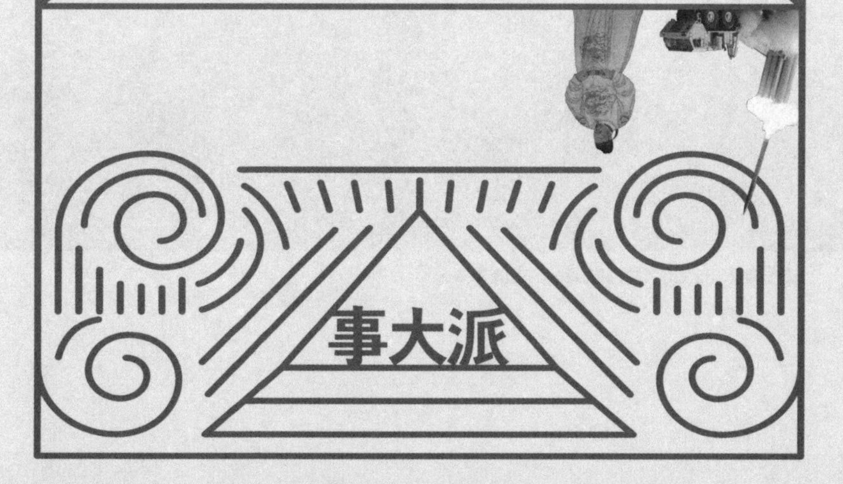

조명연합군의 평양성 탈환 모습을 묘사한 병풍

05

임진왜란은 한국 역사에서 가장 유명하고 가장 많이 거론되는 전쟁이다. 무적함대를 이끌고 바다를 누비며 일본 해군을 연이어 격파한 불세출의 명장 이순신과 내륙에서 무기를 들고 일어나 일본군과 맞서 싸운 의병들의 활약상! 한국인에게 우리의 힘으로 나라를 지켰다는 자부심을 심어주며 오늘날까지 TV 드라마, 영화, 소설, 만화 등 수많은 예술 작품의 단골 소재로 쓰인다.

그런데 임진왜란을 직접 겪은 당사자이자 조선의 최고 국가 원수였던 선조 임금의 견해는 어떠했을까? 놀랍게도 지금 우리가 임진왜란에 대해 지닌 인식과 정반대였다. 선조는 임진왜란 극복의 공을 명나라 군대에게만 돌린 채, 조선 관군과 의병들의 노력은 깡그리 무시해버렸다. 믿기지 않지만 분명한 역사적 사실이다.

조선군은 아무것도 한 일이 없다고?

임진왜란이 끝난 지 3년 후인 1601년, 선조는 공신 책봉을 하면서 다음과 같은 발언을 남겼다.

> 이번 왜란에 적을 평정한 것은 오직 명나라 군대의 힘이었다. 우리나라 장수들은 중국 군대의 뒤를 따르거나 혹은 어쩌다 운이 좋아 패잔병의 머리를 얻었을 뿐, 일찍이 제힘으로는 한 명의 적병을 베거나 하나의 적진도 함락하지 못했다. 그중 이순신과 원균 두 장수는 바다에서 적군을 섬멸했고, 권율權栗은 행주幸州에서 승첩을 거두어 약간 나은 편이다.
>
> 그리고 중국 군대가 나오게 된 연유를 말하자면 모두가 호종한 여러 신하가 어려운 길에 위험을 무릅쓰고 나를 위해 의주에 가서 중국에 호소했기 때문이다. 그 덕에 왜적을 토벌하게 되었고, 강토를 회복하게 된 것이다.
>
> – 1601년 3월 14일 《선조실록》, 비변사에서 호종 신하와 역전 장사의 녹훈에 대해 아뢰다

선조의 입장은 임진왜란 극복의 공이 오로지 명군 때문이며, 조선은 그저 명나라 덕분에 이겼거나 아니면 운이 좋아 어쩌다 공훈을 세웠다는 식이다. 그나마 이순신과 원균, 권율 정도는 약간 낫다고 인정하지만, 다른 사람들은 완전히 무시해버렸다. 가령 승려들을 이끌고 왜군에 맞서 싸운 사명대사, 가토 기요마사의 일본군과 싸워 함경도에서 몰아낸 정문부, 황해도 연안성에서 일본군의 공격을 막아낸 이정암 같은 의병들이 세운 공을 전혀 인정하지 않았다.

다시 말해서 선조는 조선 백성과 군대보다 명나라 군대를 더 믿는다고 했던 셈이다. 이 발언이야말로 사대주의의 극치가 아닐까? 목숨을 걸고 일본군과 맞서 싸운 수많은 의병보다 고작 선조를 따라 도망친 사람들이 명군을 불러왔기에 공이 크다고 하다니, 이는 망언에 가깝다. 선조는 목숨을 걸고 전장에서 싸운 조선 관군과 의병들이 듣는다면 기겁할 법한 소리를 아무렇지도 않게 했다.

설마 선조가 의병들의 공훈을 몰라서 저렇게 말했을까? 그렇지 않았다. 애초에 조선에서 일어나는 모든 사건과 정보는 임금에게 보고되었으니 선조는 자연스레 조선의 모든 일을 알 수 있었다. 그런 선조가 의병들의 공을 몰랐을 리 없다. 다 알고서도 일부러 철저하게 무시한 것이다. 어째서일까?

선조가 다소 과장하기는 했지만, 명군의 참전 자체가 일본이 전쟁을 수행하는 데 부담이 된 것은 사실이다. 당시 명나라는 세계 최강대국이었다. 그런 명나라가 조선을 도와 일본을 공격하러 군사를 보낸 것 자체를 일본인이 두려워한 것도 사실이다. 그런 면에서 본다면 임진왜란 극복의 공을 명군 참전에 돌린 선조의 발언을 완전히 틀렸다고 보기는 힘들다.

그러나 문제는 선조의 발언이 지나치게 편파적이라는 점이다. 과연 선조의 말대로 명군이 임진왜란 극복의 주역이었을까? 명군은 임진왜란에서 얼마나 혁혁한 전공을 세웠을까?

명군이 일본군과 싸워 제대로 이겼던 일은 1593년 1월 8일의 평양성 탈환전이 거의 유일했다. 이 전투에서 명군은 뛰어난 화포의 힘으로 일본군을 격파하고 그들을 달아나게 하는데 성공했다. 하지만 이때 명군은 이해할 수 없는 행동을 보였다. 명군의 지휘관인 이여송은 패주하는 일본군을 추격하지 않았다. 그다음 날인 9일에야 전사한 병사들의 위령제를 지내다가 여러 장수를 보내 적을 추격하게 했지만 황주에서 모두 돌아와버렸다. 죽은 병사들의 위령제를 지내는 것은 군대의 사기를 북돋우기 위한 조치라고 이해할 수 있지만 그 이후의 일이 이상하다. 어째서 명군 장수들은 일본군을 황주까지만 추격했다가 되돌아온 것일까?

유성룡은 임진왜란의 참혹함을 회고하면서 다시는 이런 일을 겪지 않도록 하기 위한 목적으로 조정의 실책을 반성하는 기록물을 남겼다. 1592년부터 1598년까지 7년 동안의 일을 담고 있는 《징비록》은 벼슬에서 물러난 유성룡이 1604년(선조 37년)에 저술을 마쳤다.
출처: 국립중앙박물관

명군과 함께 평양성 탈환전에 참가한 조선의 재상, 유성룡은 그의 책인 《징비록》에서 명군이 일본군을 추격하지 않은 방침에 대해 이렇게 한탄했다.

적의 장수 평행장(고니시 유키나가)과 평의지(고니시의 사위이자 대마도주인 소오 요시토시宗義智), 현소玄蘇(승려 출신으로 조선과 교섭

담당), 평소신 등은 남은 군사를 거느리고 밤을 새워 달아났는데, 기운은 빠지고 발은 부르터 절룩거리며 가면서 혹은 밭고랑 사이에 배를 대고 기어가기도 하였다.

명나라 군사는 그들을 추격하지 않았는데, 홀로 이시언만이 그 뒤를 쫓았으나 감히 가까이 가지는 못하고, 다만 굶주리고 병들어 뒤떨어진 적병 60여 명만 베어 죽였을 뿐이었다.

이때에 왜적의 장수로서 서울에 남아 있던 사람은 평수가(일본군 총사령관 우키다 히데이에)뿐이었는데 평수가는 관백(히데요시)의 조카라고도 하고 혹은 사위라고도 하였다. 나이가 어려서 군무를 주관하지 못했기 때문에 군무의 주관은 행장(고니시)에게 있었고, 청정(가토 기요마사)는 함경도에 있어 돌아오지 않았었다.

만약 (명나라 군대가 철수하는 왜군을 추격하여) 소서행장과 의지, 현소 등을 사로잡았더라면 서울의 왜적은 저절로 무너졌을 것이다. 그렇게 되면 가등청정은 돌아갈 길이 끊어져 군사들의 마음은 흉흉하여 두려워하게 되었을 것이고, 그들이 바닷가를 따라 도망하더라도 스스로 빠져나갈 수 없었을 것이다.

또한 한강 이남에 주둔하고 있던 왜적들은 차례로 부서져서 명나라 군사가 북을 울리며 천천히 따라가기만 해도 바로 부산까지 이르러 싫도록 술을 마실 수 있었을 것이고, 잠깐 동안에 온 나라

강산 안의 왜적이 숙청되었을 것이니, 어찌 몇 해 동안을 두고 어지럽게 싸웠을 리 있었겠는가? 실로 통분하고 애석한 일이다.

유성룡의 말대로 명군이 추위와 굶주림에 지쳐 기진맥진한 상태의 일본군을 추격해서 궤멸하지 않은 일은 참으로 기이하다. 패주하는 적을 쫓아가 섬멸하는 일은 동서고금을 막론하고 전쟁터에서 가장 흔한 승리의 비결이었다. 명나라 백전노장이었던 이여송이 정말 그 간단한 전략을 몰랐을까?

이상한 일은 더 있다. 평양성 함락 이후 한동안 평양에 머무르던 이여송은 고니시 유키나가가 이끄는 일본군이 다 철수할 때까지 기다렸다가, 1월 27일에야 휘하의 기병대를 이끌고 남하하여 벽제관에 이른다. 여기서 이여송은 결정적인 위기를 맞게 된다. 소규모의 일본군 분견대 600명을 격파하자, 일본군을 우습게 여기고 직속 경기병대만으로 일본군을 추격하다가 매복해 있던 일본군 본대에 걸려 치명적인 타격을 입었다.

《징비록》과 《선조실록》에 따르면, 이때 명군 기병대는 갑옷이나 투구도 없이 오직 짧고 무딘 칼만 들었을 정도로 무장이 빈약했다고 한다. 이런 명군에게 일본군이 크고 긴 일본도를 휘두르며 달려들자, 명군 기병대의 말과 군사는 추풍낙엽처럼 쓰러졌다. 명군의 피해는 실로 엄청나서 이여송의 부장인 이비어와 마천총이 전사하고, 이여송 본인도 간신히 목숨만 건져 도망칠 정도였다. 이 벽제관 전투에서 일본군의 무서운 전투력에 강한 인상을 받은 명군 수뇌부는 그 후로 어떻게 해서든 일본군과 정면 대결을 회피하려고 했다.

적이 지치고 굶주렸을 때에는 가만히 내버려두다가 막상 적이 전열을 수습하고 힘을 되찾은 후에 부실한 상태로 덤비고 패배한다? 아무리 생각해도 이해가 가지 않는 일이다.

또한 한양에서 일본군이 철수할 때도 명군은 일본군을 추격하려는 시도조차 하지 않았다. 오히려 추격 금지령을 내려 조선군이 일본군을 공격하는 것을 강력히 억지했고 그도 모자라 멀리서 일본군을 호위(?)하고 엄호해줄 정도였다. 행여나 조선군이 일본군을 쫓아가 공격하지 않을까 하는 노파심에서였다. 일부 조선 병사가 일본군을 치려 나서면 명군 지휘관들이 화를 내며 이를 저지하는 일이 빈발했다.

명군이 이처럼 소극적인 교전 태세를 보인 이유는 벽제관 전투의 참패 때문이기도 하지만, 한편으로는 참전한 본래 목적이 달성되었기 때문이다. 명이 조선에 파병을 한 이유는 일본군이 조선 전체를 석권하고 그 여세를 몰아 명의 본토까지 침공하는 사태를 막고 전쟁을 조선에만 국한하는 것이었다. 평양성을 탈환한 데 이어 조선의 수도까지 되찾았으며 일본군이 남해안으로 철수했으니 애초의 목표는 이루어진 것이나 다름없었다. 그러니 그 이상의 피해를 감수하면서까지 일본군과 싸울 필요가 없었던 것이다. 이런 사실도 모른 채 계속해서 명군 장수들에게 일본군과 싸워달라고 읍소하던 선조와 대신들이 안쓰러울 뿐이다.

사실 명군 수뇌부의 심정도 어느 정도 이해는 간다. 자기 나라도 아닌 남의 나라 싸움터에서 군이 희생을 감수하면서까지 싸울 필요가 있었을까?

선조를 비롯한 조선인들은 명군을 하늘이 보낸 군대란 뜻의 천병天兵이라 불렀다. 하지만 명군은 그 이름에 걸맞은 전투력을 보여주지 못했다. 앞서 언급한 대로 평양성 탈환전 정도를 제외하면 명군이 일본군과 맞서 싸워 제대로 이긴 적이 별로 없었다.

평양성 탈환전 이후에 명군이 일본군과 싸워서 크게 이겼다고 자화자찬한 1597년 9월 7일의 직산대첩도 사실은 그리 큰 승리라고 보기가 어려웠다. 오히려 이틀 뒤인 9월 9일에 직산대첩의 소식을 들은 선조가 왕비를 먼저 피신시키고 강화도나 개성으로 피난처를 모색해보라는 명을 내렸을 정도로 난리 법석을 떨었다. 만약 명나라의 선전대로 직산대첩에서 명군이 대승을 거두었다면 조선의 최고 책임자인 선조가 피난처를 알아보라고 난리를 떨 이유가 있었을까?

1597년 12월 22일에 벌어진 제1차 울산성 전투와 1598년 9월 22일부터 11월 18일까지 계속 이어진 왜교성 전투에서도 명군은 끝내 일본군을 섬멸하는 데 실패하여 철수하고 말았다.

그런가 하면 1593년 6월 29일, 명나라와 일본이 휴전 협상을 한참 벌이던 와중에 일본군이 진주성을 공격하여 조선 백성 6만 명을 학살하는 일이 벌어졌다. 그런데도 명군은 진주성을 구원하거나 일본에 문제 삼아 항의하는 일 없이 그저 방관했을 뿐이었다.

이상에서 살펴본 대로 임진왜란 때 명군의 활약이나 전공은 그리 크거나 결정적이라고 하기가 어려웠다. 선조는 임란 극복의 공이 오직 명군에게만 있으며, 조선군은 하나도 전공을 세운 것이 없다고 했지만 실상은 정반대였다. 조선군이 거둔 최초의 승리인 옥포 해전이나 일본 수군의 수륙병진책을 좌절시킨 한산도 해전, 3000명의 군사로 3만이 넘는 적을 격퇴한 김시민의 진주성 대첩, 권율의 행주 대첩, 13척의 배로 130척이 넘는 대함대를 무찌른 명량 대첩 등은 명군의 도움 없이 조선군의 독자적 힘으로 이룩한 전과였다.

오히려 명군이 파병되고 전쟁에 개입하면서 조선은 좀처럼 이런 승전을 거두지 못했다. 무엇보다 조선군은 일본군과 제대로 싸울 수가 없었다. 명군은 벽제관에서 일본군의 강력한 저항에 부닥쳐 낭패를 본 이후에는 가급적 일본과의 무력 충돌을 피하고 외교적 교섭을 통해 전쟁을 끝내려는 태도를 고수했다. 그 때문에 조선군이 일본군을 추격하거나 싸우는 것 자체를 엄격히 금지해버렸다. 앞서 언급한 예조판서 윤근수의 말이 그 예다. 이러다 보니 조선 장수와 병사들도 싸울 의욕을 잃어갔다.

더구나 명군이 먹을 군량을 대느라 군량 부족과 의욕 저하로 관군의 수는 오히려 줄어들었고 의병 조직도 급속히 와해되었다. 명군을 위한 군량 공급과 부역을 하느라 백성들의 고초가 이만저만이 아니었고, 이런 부담을 견디다 못해 일부 지역에서는 반란이 일어나기도 했다. 1596년 7월(선조 29년) 충청도 홍산에서 발생한 이몽학의 난도 그런 이유가 있었다.

그렇다면 여기서 한 가지 의문이 든다. 선조는 무엇 때문에 국란 극복의 공을 모두 명군에게 돌린 것일까? 그 발언에는 고도의 정치적 술수가 숨어 있었다.

임진왜란 내내 선조가 경계한 것은 일본군보다 자국 내에서 일어날지 모르는 반란이었다. 전쟁이 터지자 선조는 어떻게 처신했던가? 수도를 버리고 연신 도망가기에 바빴다. 뿐만 아니라 신하

피란길에 오르는 선조의 어가행렬을 묘사한 그림. 선조가 달아나자 분노한 백성들은 왕궁으로 몰려가 불을 질렀다.

들을 제대로 통솔하지도 못했고, 전란의 와중에 곡식을 풀어 굶주린 백성을 구휼한다거나 하는 일도 거의 하지 않았다.

무능한 선조의 처사에 백성은 매우 분노했다. 텅 빈 궁궐에 들어가 불을 지르거나 개성으로 들어오는 선조에게 "후궁들 배나 불리는 너 같은 것도 임금이냐!" 하며 욕설을 퍼부었다. 심지어 조선 곳곳에서 침략자인 일본군을 환영하는 사태가 속출했다. 선조가 피난간 곳을 벽에다 낙서로 적어 일본군에게 알려주는 사건까지 있었을 만큼 백성은 선조를 미워했다.

이런 상황에서 전쟁 영웅들이 등장해 백성의 신망을 받자, 선조가 위협을 느꼈을 가능성이 무척 높다. 특히 자발적으로 무기를 들고 일어나 일본군과 싸운 의병들을 경계했을 것이다. 만약 의병들이 세력을 계속 키워나갈 경우 군벌로 성장하고 더 나아가 조정에 반기를 들 위험성도 있었다. 선조는 의병들을 모두 관군에 배속해 관부가 그들을 통제하여 결코 반란을 일으킬 수 없도록 했다.

아울러 선조는 조선군의 명장인 이순신도 경계하여 그가 출정하라는 명령을 어겼다는 죄목으로 붙잡아다 고문하는 식으로 압박을 가했다. 이는 이순신에게 두려움을 심어주어 행여나 자신에게 반기를 들지 못하도록 막기 위한 정신적 조치였다.

그 밖에도 선조는 의병장들에게 무척 냉담했다. 특히 의병장 김덕령은 억울한 누명을 쓰고 체포되었는데도 선조는 그를 역적으로 간주하여 끝내 죽이고 말았다. 또한 1603년에 있던 공신 책봉에서 선조는 임진왜란 때 활약한 수많은 의병장 중 겨우 이정암 한 사람만을 공신으로 책봉하고, 나머지 의병장의 공로는 모두 무시해버렸다.

자국 군대를 이처럼 냉대하고 외국 군대를 추앙한 선조는 더러운 정치적 술수를 부렸다. 이순신을 비롯한 군부 세력의 강화를 억누름으로써 혹시나 있을지 모르는 반란을 사전에 방지하고, 전쟁으로 위태로워진 자신의 권력을 탄탄히 다지는 일석이조의 효과를 노렸던 것이다.

하지만 선조의 발언은 이후 조선인 사이에 우리 스스로의 힘으로는 아무것도 할 수 없다는 심각한 자기 비하와 모멸감과 함께 외부 강대국의 힘을 빌려야만 모든 문제를 해결할 수 있다는 극심한 외세 의존과 사대주의라는 역효과를 불러왔다. 그 결과가 바로 1910년 일본에 주권을 넘긴 일제강점기였고, 해방 이후에도 새로운 종주국인 미국에 대한 극심한 사대로 나타난 것이다.

명군을 본 이순신의 다른 시각

이쯤에서 선조와 다른 시각으로 명군을 대한 사례도 살펴야 할 듯하다. 그는 바로 선조와 더불어 임진왜란을 직접 겪고, 전란의 와중에서 가장 큰 권한을 가졌던 장본인 중 한 명인 이순신이다.

이순신은 우리에게 잘 알려진 기록물인 《난중일기》를 남겼다.

《난중일기》에 이순신은 임진왜란에 관한 여러 감상을 적었다. 그는 명나라 군사의 파병 자체를 일단 환영했다. 명나라가 조선을 돕는다면 전쟁을 빨리 끝낼 수 있으리라고 판단했기 때문이었다.

사량으로 가는 낙안 사람이 행재소(임금이 피란 가 계신 곳)에서 와서 전하는 말하기를, "명나라 군사들이 진작 송도까지 왔지만, 연일 비가 와서 길이 질므로, 행군하기가 어려워 날이 개기를 기다

《난중일기》는 이순신이 임진왜란 7년(1592~1598) 동안 군중에서 쓴 일기다. 일기 7책과 서간첩 1책, 임진장초 1책까지 총 9권이 국보 제76호로 지정되어 있다. 2013년 6월 18일 광주에서 열린 제11차 유네스코 세계기록유산 국제자문위원회의 권고를 유네스코가 받아들여, '이순신 난중일기 및 서간첩 임진장초'의 이름으로 유네스코 세계기록유산으로 등재되었다.

려서 서울로 들어가기로 약속했다"고 한다. 이 말을 듣고는 그 기쁨을 이길 길 없다. — 1593년 3월 10일

12일 후인 3월 22일, 명나라가 도독 이여송을 파견하여 조선을 돕도록 한 일에 대해서도 이순신은 긍정적인 반응을 보였다.

임금의 수레는 서쪽으로 옮겨 가고, 백성은 고기밥이 되고, 연이어 세 도읍(한양과 개성과 평양)이 함락되니, 종사는 버려지고 오직 나는 삼도수군은 있는 힘과 의리를 다 내고 죽음을 바치려 하지 않은 이 없을지라도, 기회가 마땅치 않고, 아직 뜻을 펴지 못하여 지금은 다행히 명나라 조정이 천하 대장군 도독 이여송을 파견하여 군사 10만을 거느리고 왜적을 멀리 쫓아내어 세 도읍을 회복하였다고 하는 바, 신하된 자(이순신)는 기뻐 날뛰고 너무 기뻐서 말할 바를 몰랐다. — 1593년 3월 22일

1593년 5월 24일에는 명나라 관원 양보와 통역관인 표헌, 선전관인 목광흠 등이 이순신을 찾아왔다. 이순신은 직접 그들을 마중 나가 배로 안내했다. 그들은 매우 기뻐하며 이순신의 안내를 받았고 조선 수군의 전함인 판옥선에 올라탔다. 이순신은 그들에게 명

나라가 조선을 돕기 위해 군대를 보내준 일에 대해 무척 감사한다고 말했다. 그러자 명나라 관원들은 답례로 조선 수군의 위세가 매우 훌륭하니 기쁘기 한이 없다고 칭찬해주었다.

여기까지 보면 이순신이 명나라에 대해 좋은 인상만 가졌을 것으로 생각될 수도 있다. 그러나 이순신은 선조처럼 "임진왜란 극복은 오직 명나라 때문이다!" 같은 식의 사대주의자는 아니었다. 《난중일기》의 다른 부분에서 그는 명나라 군대에 대한 부정적인 인식도 드러냈다.

> 소문에 들으니, 명나라 장수 이여송이 북로(함경도) 쪽으로 간 왜적들이 설한령을 넘었다는 말을 듣고는 송도까지 왔다가 서관(평안도)으로 되돌아갔다는 기별이 왔다. 통분함을 이길 길 없다.
>
> – 1593년 3월 4일

> 선전관 영산령 예윤이 또 임금의 분부(유지)를 받들고 왔다. 그들에게서 명나라 군사들의 하는 짓을 들으니, 참으로 통탄스럽다.
>
> – 1593년 5월 14일

이순신은 이여송이 벽제관에서 일본군에게 패배한 이후 싸울 생각을 접고 평양으로 돌아갔다는 소식을 듣고 분통을 터뜨린 듯하다. 명군이 일본군과 교전을 회피하자, 이순신은 명군이 일본군과 싸워서 이겼다는 말조차 거짓이라고 의심할 만큼 명군에 대한 불신감마저 표출했다.

> 탐후선이 본영에서 들어왔는데, 병마사의 편지 및 공문과 명나라 장수의 통첩이 왔다. 그 통첩의 사연을 보니, 참으로 괴상하다. 두 치의 적이 명나라 군사에게 몰리어 달아났다고 하니, 터무니없는 거짓말이다. 명나라 사람들이 이와 같으니 다른 사람들이야 말해 본들 무엇하랴! 통탄할 일이다. –1593년 7월 20일

명나라와 일본 간의 휴전 협상이 진행되면서 명군은 조선군이 일본군을 공격하거나 추격하는 일도 엄격히 금지했는데, 이런 명군의 조치를 들은 이순신은 몹시 분개했다.

> 저녁나절에 거제로 향하는 데 맞바람이 거슬러 불어 간신히 흉도에 도착하니, 남해현감이 보고하되, "명나라 군사 두 명과 왜놈 여덟 명이 패문을 가지고 왔기에 그 패문과 명나라 군사 두 명을 보낸다"고 했다. 그 패문을 가져다 보니, 명나라 도사부 담종인이

"적을 치지 말라"는 것이다. 나는 몸이 몹시 괴로워서 앉고 눕기조
차 불편하다. — 1594년 3월 6일

1594년 8월 4일에는 이런 일도 있었다. 경상수사의 군관과 관아의 하급 관리들이 명나라 장수를 접대하기 위해 여자들에게 떡과 음식물을 머리에 이고 오게 했는데, 이를 안 이순신은 그들(경상수사의 관리들)을 잡아들여 죄를 묻고 처벌했다. 당시 조선 병사와 백성들도 음식이 부족해서 굶고 있는데 명군에게 음식은 물론 여자까지 바친다는 사실이 무척 불쾌했던 것이다. 생각해보자. 만약 명군에게 단순히 음식만 제공하려는 것이었다면, 왜 음식을 나르는 사람이 모두 여자였을까?

명나라를 하늘처럼 무턱대고 떠받들기만 했던 선조에 비하면 이순신은 명군의 잘못을 가만히 보고만 있지 않았다. 한 예로 이순신과 힘을 합쳐 일본군과 싸우러 온 명나라의 수군 제독 진린은 매우 거칠고 오만한 인물이라서 자신에게 밉보인 조선 관리의 목에 새끼줄을 걸고 끌고 다녔으며, 그가 지휘하던 명군 병사들은 조선 백성을 상대로 온갖 약탈과 행패를 저질렀다. 이를 본 유성룡은 "진린이 이순신과 함께 한다면 이순신이 그의 횡포를 견디지 못해 패배할 것이다"라고 한탄하기까지 했다.

하지만 이순신은 진린의 행패에 그대로 당하고만 있지 않았다. 진린의 군사들이 약탈과 횡포를 일삼자, 이순신은 휘하 군사와 백성을 거느리고 진영을 거두어 다른 곳으로 옮기려 했다. 이 모습을 본 진린이 이순신에게 까닭을 묻자, "우리나라 군사와 백성들이 명군을 부모처럼 기다렸는데, 이제 명국 군사들의 횡포를 견딜 수가 없어 모두가 피해서 달아나려 한다. 그래서 나도 대장의 몸으로 혼자 남아 있을 수가 없어 여기를 떠나려 한다"라고 대답했다.

진린은 자신의 병력이 이순신의 병참과 작전에 의존하고 있었기 때문에 이순신이 진을 파하고 떠나겠다는 소식을 듣자 기겁하여 병사들에게 약탈을 엄중히 금지했다. 이러한 비상수단까지 동원하여 이순신은 명군의 약탈과 범죄 행각을 근절할 수 있었다.

정리하면 이순신은 명군의 참전 자체는 좋게 보았으며 긍정적으로 명군과 협력했다. 그러나 이순신은 명군의 지원은 어디까지나 부수적 요소로 파악했다. 결코 선조처럼 "우리나라 군사들은 아무것도 한 일이 없고, 오직 명군의 힘만으로 나라를 되찾았다"라는 식의 극단적 사대주의는 보이지 않았다. 일본군과 싸우는 일의 주력은 어디까지나 조선군이고 명나라는 그저 도우러 온 조역에 불과하다는 것이 이순신의 지론이었다. 선조를 극단적 사대파라고 본다면, 이순신은 자주파에 해당하는 인물이라고 봐야 할 것이다.

선조의 맹목적 대명 사대 외교가 남긴 후유증

임진왜란을 통해 조선은 선조로 대표되는 사대파와 이순신으로 대표되는 자주파 두 세력의 갈등에 휩싸였다. 그러나 이순신은 임진왜란의 막바지에 노량해전에서 전사했고, 비슷한 시기에 권율과 곽재우 같은 전쟁 영웅들도 일찍 죽거나 관직에서 은퇴했다. 그래서 임진왜란 이후, 하늘 같은 명나라의 은혜는 영원히 잊을 수 없다는 선조 같은 맹목적 사대파가 조선 사회를 완벽하게 장악하고 말았다. 국가의 최고 권력자인 왕이 나서서 임진왜란 극복은 오직 명나라 군사의 공 덕분이었다고 공언했으니, 명나라에 대한 사대주의가 생기지 않으려야 않을 수 없었다.

하지만 사대파의 권력 장악은 이후 조선 역사에 크나큰 부담과 쓰라린 대가를 안겨주었다. 우선 명나라는 군대를 보내 조선을 도와준 일에 대한 대가로 조선에서 엄청난 이권을 닥치는 대로 챙겼다. 조선의 특산품인 인삼과 명나라에서 화폐로 쓰이던 은을 어마어마하게 빼앗아간 것이다.

1602년 3월 19일 조선에 파견된 명나라 사신 고천준顧天俊은 은에 걸신들린 아귀처럼 행동했다. 그의 행적을 《선조실록》에서는 의주에서 한양까지 마음대로 약탈을 자행하여 인삼과 은과 보물을 남김없이 가져갔기에 조선 전역이 마치 병화兵火를 겪은 것 같았다고 묘사했다. 그가 조선에서 받아낸 은의 양은 정확하지는 않으나 수천 냥은 족히 될 것으로 추정된다(《선조실록》, 선조 35년 (1602년) 3월 19일). 고천준의 이러한 행각은 이후 조선에 올 수많은 명나라 사신의 귀감(?)이 되었다.

1609년 6월 2일, 조선에 왔던 명나라 사신 태감 유용劉用은 의주에 도착하자마자 곧바로 은을 요구했다. 그는 식사나 차도 필요 없으니 자신에게 제공되는 모든 것을 은으로 바꿔달라고 했다. 또 은을 주지 않으면 한양에 가지 않겠다고 고집을 부려 지방 수령들이 그에게 바칠 은을 마련하느라 골머리를 앓았다. 그는 자신에게 지급되는 앵마鸎馬와 쇄마刷馬의 값까지 모두 은으로 받아서 의주에서 황주黃州에 이르기까지, 황주에서 개성에 이르기까지 이루 셀 수 없이 많은 양의 은을 얻었다. 한양에 오자 뇌물로 은 5000냥과 인삼 400근을 받아 챙겼고, 이외에도 잔치가 벌어질 때마다 조선 조정에게 은을 달라고 손을 벌렸다.

그와 함께 온 태감 염등冉登은 더한 탐욕을 발휘했다. 그는 임진강에 놓은 다리가 홍수에 떠내려가자 자신의 행차가 늦어지게 되었다면서 조선 조정에 1000냥의 은을 내라고 요구했다. 심지어 한양에 오자 자기가 밟고 지나갈 '천교天橋'라는 이름의 은제 사다리를 만들어달라고 떼를 썼다. 조선 조정에서는 이 무리한 요구를 들어줄 수밖에 없었다.

국가 재정을 담당하는 호조의 책임자인 판서 황신黃愼은 1년 동안 애써 모아놓은 3만 5000냥의 은을 유용과 염등 같은 명나라 사신을 접대하느라 열흘 만에 전부 써버렸다고 울상을 지을 정도였다.

> 정원이 아뢰기를,
>
> "일단 고천준顧天峻과 최정건崔廷健, 엄일괴嚴一魁와 만애민萬愛民 등 태감太監의 양사兩使가 다녀간 뒤로 은銀을 쓴다는 소문이 중국에 퍼진 결과 요동遼東·광녕廣寧의 각 아문에서 본국을 하나의 노다지 소굴로 알고 차관들을 뻔질나게 보내오고 있습니다. 그리하여 지급하는 구식口食은 은으로 떼어 받고, 마필馬匹은 주단紬段을 징수하며, 또 사화私貨를 지니고 와서는 이익을 많이 남기게 해달라고 요구하고 있는데, 조금만 생각대로 되지 않으면 번번이 성을 내는 바람에 위세 있는 호령에 겁먹은 수령들이 백성의 고혈을 짜내고 구차하게 죄책을 면하려는 해당 관원들이 시리市里를 침학한 나머지 서울이고 지방이고 감당할 수가 없어 원망하는 소리가 일제히 일어나고 있습니다." -《광해군일기》, 광해군 2년(1610년) 8월 30일

1621년 4월 12일경에 왔던 명나라 사신 유홍훈劉鴻訓과 양도인楊道寅은 앞의 경우보다 더욱 심했다. 이들은 평안도와 황해도와 개성, 그리고 한양에 이르는 동안 끝없이 은을 요구했는데 총 8만 냥의 은을 거둬들였다. 광해군 13년 (1621년) 5월 1일《광해군일기》기록에는 두 사신에게 은을 대주느라 양서兩西 지역과 송도松都, 그리고 서울에서 상인들의 울부짖는 소리가 하늘을 진동했고, 조선 전체의 재물이 바닥이 날 지경이었다는 묘사가 나온다.

1622년 7월에 온 명나라 사신 양지원梁之垣은 기상천외한 상술(?)을 발휘했다. 그는 조선에서 은 6만 냥, 큰 배 70척을 얻어갔는데 후금(청)의 공격을 피해 요동으로 피난해온 명나라 백성들에게 자신이 가진 배들을 1척당 은 100냥을 받고 팔아넘겼다. 은 6만 냥에 배 값을 합치면 총 6만 7000냥을 벌어들인 셈이다.

명나라 사신들이 조선에 대해 이렇게까지 무리하게 은을 요구한 데는 그만한 이유가 있었다. 당시 명은 세금을 은으로 받는 은본위제를 시행하고 있었다. 그런데 임진왜란과 발배의 반란, 양응룡의 반란 등을 진압하는 동안 명나라는 무려 1000만 냥이란 거액의 군사비를 지출해야 했다. 이 액수는 당시 명나라 조정의 2년 치 예산에 해당했다. 많은 학자는 위에서 열거한 세 가지 전란인 '만력삼대정三大征'을 치르는 동안 명나라의 국가 재정이 급속히 줄었고,

이것이 명의 국력을 쇠퇴하게 했다고 지적한다.

그런데 임진왜란 때 조선에 온 명나라 장수와 상인들은 조선에서도 은이 생산되는 것을 목격하게 되었다. 조선은 예상 외로 많은 은광을 가지고 있으면서도 이를 개발하지 않았는데, 그 이유는 명이 공물로 은을 달라고 요구할 것을 우려했기 때문이었다.

조선의 은에 눈독을 들인 명나라는 즉각 사신을 보내 은을 요구했다. 조선의 지배층은 이를 받아들일 수밖에 없었다. 광해군은 이복동생인 영창대군을 지지하는 대신들과 권력 싸움으로 인해 불안한 권좌를 지키기 위해 명의 도움이 필요했다. 이를 위해 국고의 부담에도 불구하고 명 사신들에게 은을 줄 수밖에 없었다. '대명사대'라는 명분을 권력의 정통성으로 삼고 있던 양반 사대부들도 명나라가 사신을 보내 "우리가 임진왜란 때 너희를 도와준 은혜를 이제 갚아야 하지 않겠느냐? 그러니 어서 은을 바쳐라!"라는 요구를 하는데 거부할 도리가 없었다.

만약 조선이 평소에 국방력을 착실히 다져놓았다면, 그래서 명에 원병을 요청하는 일 없이 독자적 힘으로 일본군을 물리쳤다면 어떠했을까? 나중에 이런 과중한 부담을 지지 않을 수 있었을 것이다. 제힘으로 평화와 안전을 지키지 않고 남에게 의존하려는 안이한 마음은 이렇듯 참담한 결과를 낳게 된다.

백번 양보해서 인삼과 은 같은 재물이야 명나라가 파병해준 대가로 주었다고 볼 수도 있다. 하지만 재물이 아니라 백성들의 목숨까지도 함부로 내놓아야 할까? 만주에서 새로 일어난 후금을 막기 위해 명나라는 조선에 군대를 보내라고 요구했다. 조선은 임진왜란 피해 복구를 마치지 못한 상황에서 무리하게 1만 명의 군사를 보냈으나 그중 절반이 후금군에게 죽임을 당하고 나머지 절반은 포로로 잡혀 고초를 겪었다.

이런 일을 겪고도 조선은 명나라의 은혜를 갚아야 한다는 맹목적 사대주의에 사로잡힌 나머지 후금과의 적대 관계를 고집하다가 마침내 1637년 청나라의 공격을 받아 두 달 만에 임금이 직접 청군에 항복하는 삼전도의 굴욕을 겪었다. 뿐만 아니라 청군에 의해 포로로 붙잡혀 청나라로 끌려가 노예가 된 조선 백성만 해도 무려 60만 명에 달했을 정도로 조선은 극심한 피해를 보았다. 명나라가 임진왜란 때 도와준 은혜를 갚기 위해서라고 하기엔 너무나 참담한 일이었다.

'재조지은'이란 맹목적 사대주의 이념은 세월이 흘러 한국전쟁 이후에 다시 부활했다. 그 상대가 명나라에서 미국으로 바뀌었다는 것 하나만 다를 뿐이었다. 미국이 한국전쟁에 미군을 파견하여 약 5만 명의 사상자를 냈다고 해서, 우리가 그 은혜를 갚기 위해 미국의 동맹으로 남아 미국이 요구하는 사항들을 모두 들어줘야 한다는 논리는 영락없이 현대판 재조지은이다.

임진왜란 이후 명나라가 조선에 사신을 보내 전쟁비용을 회수하려 인삼과 은을 약탈해간 사건과 오늘날 경제난에 시달리는 미국이 한국에 높은 관세와 환율 인상, 사드 배치 등을 강요하며 막대한 돈을 뜯어내려는 모습은 과연 무엇이 다른가?

더욱 큰 문제는 미국이 요구하는 사드 배치로 인해 한국은 최대 시장이자 생산기지인 중국과 경제적으로 단절되어 치명적 타격을 받을 것이 분명함에도 한국 정부의 정책 담당자 중에 이를 거절해야 한다고 나서는 이가 없다는 사실이다. 미국의 뜻대로 사드를 배치하여 중국과 경제적 단절이나 전쟁까지도 감안해야 한다는 식의 보수 기득권층의 주장에서, 조선을 망친 재조지은의 목소리가 생생하게 살아 숨 쉬고 있음을 느낄 수 있다.

우리 사회가 미국에 대한 재조지은을 갚아야 한다는 맹목적 사대주의에 사로잡혀 있는 한, 그래서 미국이 요구하는 대로 사드 배치를 강행하게 된다면, 중국의 분노를 자극하여 두 번째 삼전도의 굴욕을 필연적으로 맛보게 될 것이다. 이래서 바로잡지 못한 역사는 반복된다는 말이 있는 것일까?

06

광해군 VS 인조

상식적 친명주의인가? 비상식적 친명주의인가?

선왕조실록 태백산사고본, 조선
출처: 국가기록원 역사기록관

06

임진왜란을 거치며 친명 사대주의는 조선 사회를 완전히 지배하게 되었다. 단순히 조선보다 힘이 센 나라인 명나라와 친하게 지내는 것이 이롭다는 전략적 사대주의가 아니라, 나라가 망하더라도 명나라를 도와야 한다는 광신적 사대주의였다. 명나라를 섬기는 사대주의는 흡사 전지전능하고 영원불멸할 신을 섬기는 종교와도 같았다. 그러나 어느 종교 집단이든 가끔씩 이단자가 나오는 법이다. 친명 사대주의가 지배하는 조선 사회에도 이단자가 있었으니, 그가 바로 광해군이었다. 명나라가 임진왜란 때 군대를 보내 조선을 도와준 은혜를 갚아야 한다는 강박관념에 사로잡혀 있던 조선에서 광해군은 명나라와 후금 사이에서 등거리 외교를 하여 조선의 안전을 최대한 보장받으려는 자주적인 외교 정책을 펼쳤다. 자신의 권력이 무너질 위험을 감수하면서 나라와 백성을 위해 정사를 펼친 광해군의 행보는 오늘날까지 자주 논란의 대상이 되고 있다.

광해군은 오늘날의 '종북 좌파' '빨갱이'였다

1623년 3월 12일, 인조반정이 일어나 15년 동안 왕위에 있던 광해군은 폐위되었다. 그리고 이틀 후인 14일, 반정을 일으킨 서인 세력과 인목대비는 광해군을 폐위시킨 이유를 설명하는 글을 발표한다. 아래는 그 글의 주요 내용을 요약한 《조선왕조실록》 중 일부다.

대왕대비가 왕을 폐하여 광해군光海君으로 삼고 금상(인조)에게 왕위를 계승하게 하였는데, 그 교지는 다음과 같다.

소성정의 왕대비昭聖貞懿王大妃는 다음과 같이 이르노라. 내가 아무리 덕이 부족하더라도 천자의 고명鑑命을 받아 선왕의 배필이 되어 일국의 국모 노릇을 한 지 여러 해가 되었으니 선조의 아들이라

《광해군일기》는 조선 제15대 왕 광해군의 재위 기간 동안 일어난 역사를 기록한 책으로 1608년 2월부터 1623년 3월까지 15년 2개월간의 국정에 관한 사실을 다루고 있다.
출처: 국립중앙박물관

면 나를 어머니로 여기지 않을 수 없을 것이다.

그런데 광해는 남을 참소하고 모해하는 자들의 말을 신임하고 스스로 시기하고 혐의하는 마음을 가져 우리 부모를 형벌하여 죽이고 우리 일가를 몰살시켰으며 품속에 있는 어린 자식을 빼앗아 죽이고 나를 유폐하여 곤욕을 치르게 하였으니, 그는 인간의 도리가 조금도 없는 자이다. 그가 이러한 짓을 한 것은 선왕에게 품었던 유감을 풀려고 한 것인데 미망인에 대해서야 무슨 짓인들 못하겠는가.

그리고 여러 차례 큰 옥사를 일으켜 무고한 사람들을 가혹하게 죽였고, 민가 수천 호를 철거시키고 두 궁궐을 창건하는 데 있어

토목 공사의 일이 10년이 지나도록 끝나지 않았다. 그리고 선왕조의 원로 대신들을 모두 축출시키고 인아姻婭·부시婦寺들로서 악한 짓을 하도록 권유하는 무리들만을 등용하고 신임하였으며, 정사를 하는 데 있어 뇌물을 바친 자들만을 기용했으므로 무식한 자들이 조정에 가득하였고 금을 싣고 와서 관직을 사는 자들이 마치 장사꾼이 물건을 흥정하듯이 하였다. 그리고 부역이 많고 수탈이 극심하여 백성들이 살 수가 없어서 고난 속에서 아우성을 치고 있으니, 국가의 위태로움은 말할 수 없었다. 어디 그뿐이겠는가.

우리나라가 중국(명나라)을 섬겨온 지 2백여 년이 지났으니 의리에 있어서는 임금과 신하의 사이지만 은혜에 있어서는 아버지와 아들의 사이와 같았고, 임진년에 나라를 다시 일으켜준 은혜는 영원토록 잊을 수 없었던 것이다. 이리하여 선왕께서 40년간 보위에 계시면서 지성으로 중국을 섬기시며 평생에 한 번도 서쪽으로 등을 돌리고 앉으신 적이 없었다.

그런데 광해는 은덕을 저버리고 천자의 명을 두려워하지 않았으며 배반하는 마음을 품고 오랑캐(후금)와 화친하였다. 이리하여 기미년(1619년 광해군 11년)에 중국이 오랑캐를 정벌할 때 장수에게 사태를 관망하여 향배向背를 결정하라고 은밀히 지시하여 끝내 우리 군사 모두를 오랑캐에게 투항하게 하여 추악한 명성이 온 천하에 전파되게 하였다.

그리고 우리나라에 온 중국 사신을 구속 수금하는 데 있어 감옥의 죄수들보다 더하였고, 황제가 칙서를 여러 번 내렸으나 군사를 보낼 생각을 하지 아니하여 예의의 나라인 우리 삼한三韓으로 하여금 이적 금수의 나라가 되는 것을 모면하지 못하게 하였으니, 가슴 아픈 일을 어떻게 다 말할 수 있겠는가.

천리天理를 멸절시키고 인륜을 막아 위로 중국 조정에 죄를 짓고 아래로 백성들에게 원한을 사고 있는데 이러한 죄악을 저지른 자가 어떻게 나라의 임금으로서 백성의 부모가 될 수 있으며, 조종의 보위에 있으면서 종묘·사직의 신령을 받들 수 있겠는가. 이에 그를 폐위시키노라.

– 《광해군일기》(정초본), 1623년 3월 14일

위 실록에서 말하는 대로 인조반정에서 광해군이 쫓겨난 이유는 대략 세 가지로 압축된다. 첫째, 이복동생인 영창대군을 죽이고 계모인 인목대비를 몰아내려 한 폐륜을 저질렀다. 둘째, 무리한 궁궐 공사로 국고를 낭비하며 백성들을 동원해 고통을 주었다. 셋째, 명나라에 대한 사대를 버리고 후금과 내통했다.

하지만 엄밀히 따지면 이러한 이유들은 다소 과장된 바가 있다. 먼저 첫 번째 사항부터 살펴보자. 광해군이 영창대군을 죽이고 인목대비를 몰아내려고 한 것 자체는 사실이다. 그러나 조선 초의 명군인 태종도 왕자의 난을 일으켜서 이복동생인 의안대군을 죽이고 계모인 신덕왕후를 핍박했는데, 그 때문에 반정을 당해 쫓겨나지는 않았다. 그러니 첫 번째 사항을 온전한 이유로 보기에는 부족하다.

두 번째 사항에도 의문의 여지가 있다. 조선은 전제 왕정국가였지 오늘날과 같은 민주주의 국가가 아니었다. 전제국가에서 나라의 중심은 왕이며, 그런 왕이 사는 궁궐을 짓기 위해 백성이 동원되는 일은 어느 정도 감당해야 할 경우이기도 했다. 조선 말기 흥선대원군 역시, 경복궁을 다시 짓는데 많은 돈을 쓰고 백성들에게서 세금을 거두어 원망을 들었으나, 그 때문에 권좌에서 쫓겨나 귀양을 가지는 않았다.

그렇다면 세 번째 사항만 남는데, 오늘날의 인식대로라면 이것이 가장 유력한 이유인 듯 여겨지기도 한다. 하지만 오해해서는 안 된다. 광해군은 명나라와 맞서거나 반대하지 않았다. 오히려 그는 임진왜란의 여파가 회복되지 않은 상황에서조차 명나라의 요구대로 1만 명의 군대를 모아서 후금을 공격하러 보냈다. 이 정도라면 그를 반명주의자라고 보기는 어렵다.

그럼에도 불구하고 인조반정을 일으켜 광해군을 몰아낸 서인 세력은 그가 명나라에 대한 사대를 거슬렀다고 윽박질렀다. 도대체 이 주장을 어떻게 이해해야 하는 것일까?

이쯤에서 지금은 고인이 된 노무현 전 대통령의 일화가 떠오른다. 그가 집권했던 당시, 한국 외교부 내에서 "지금 대통령(노무현)은 반미주의자이니 그의 지시를 따를 필요가 없다"라는 메모가 발견되어 큰 파문이 일었다.

하지만 노무현은 반미주의자가 아니었다. 그는 미국 정부가 요구하는 이라크 파병과 한미 FTA 같은 일을 모두 승인한 사람이었다. 이 때문에 노무현 임기 동안 한국의 진보 진영은 노무현이 친미로 기울었다고 비판하기까지 했다.

그런데 왜 외교부로 대표되는 한국의 친미 보수 세력들은 노무현을 반미주의자라고 몰아붙였을까? 이는 대통령이 되기 전인 2002년 무렵, 노무현이 선거 유세를 하는 와중에 나온 "미국에 사진이나 찍으러 가지 않겠다. 반미주의자면 어떠냐?"라는 발언에서 유래했다. 물론 노무현이 진짜 반미주의자가 되겠다고 선언한 것은 아니었다. 2002년 당시는 한국 여중생이 미군 장갑차에 깔려 죽은 미선이 효순이 사건으로 인해 전국적으로 반미감정이 매우 높았다. 노무현은 그런 시류의 흐름에 편승해 지지율을 높이기 위해서 반미주의자인 것처럼 행세했을 뿐이었다.

하지만 한국의 친미 보수 세력들은 그런 노무현조차 반미주의로 간주하여 용납하지 않을 만큼, 광신적 사대주의 집단이었다. 그들의 시각에서는 미국의 성스러운 권위에 조그만 흠집이라도 내려는 이는 모두 반미주의라는 악마로 보일 뿐이다.

광해군 당시 조선의 대신들을 비롯한 집권층 또한 마찬가지로 나라가 망해도 명나라를 도와 후금과 싸워야 한다는 식의 광신적 친명 사대주의에 찌들어 있었다. 쉽게 믿기지 않겠지만 《조선왕조실록》에 기록된 엄연한 역사적 사실이다.

오랑캐 방비 전교에 대한 비변사의 회계

비변사가 전교로 인하여 회계하기를,

"불행히도 우리나라는 이 적들과 국경이 서로 접하고 오랑캐의 기병이 치달려 오면 며칠 내로 당도할 수가 있습니다. 이 적들이 움직이지 않으면 그만이지만 만약 한 번 움직이게 되면 전투와 수비면에서 모두 믿을 수가 없습니다. 신들이 밤낮으로 애를 태우며 근심하지만 좋은 계책이 없습니다. 가만히 들으니 요동과 심양 사이에 주병主兵과 객병客兵이 28만 명이나 되는데도 오히려 근심한다고 하니 하물며 우리나라의 병력으로 당해낼 수 있겠습니까. 지혜 있는 사람의 말을 들어보지 않더라도 이미 방어하기 어렵다는 것을 알 수 있습니다.

그러나 세상의 일은 대의大義가 있고 대세大勢가 있으니, 이른바 대의는 강상綱常에 관계된 일을 말하고, 대세는 강약의 형세를 말합니다. 우리나라에 있어서 이 적(후금)은, 의리로는 부모의 원수이며 형세로는 표범이나 호랑이처럼 포악한 존재입니다. 표범과 호랑이가 아무리 포악하다고 하나 자식이 어찌 차마 부모를 버릴 수 있겠습니까. 이것이 조정에 가득한 모든 사람들의 의견이 차라리 나라가 무너질지언정 차마 대의를 저버리지 못하겠다고 하는 이유인 것입니다." — 《광해군일기》(중초본), 1621년 2월 11일

위의 실록 기사에서 비변사 대신들은 후금과 전쟁에 "좋은 계책이 없습니다"라고 말하고 있다. 조선의 국방을 책임진 비변사가 그렇게 말했던 것은 후금과 싸워서 이길 능력도 의지도 없다는 무능함의 고백이다. 그럼에도 그들은 "명나라는 부모이고 후금은 원수다. 나라가 무너져도 대의를 버리지 못한다"라고 말했다. 이 말을 쉽게 풀이하면 우리가 비록 후금을 이기지는 못하지만, 명나라는 우리의 부모이고 후금은 그 원수니까 나라(조선)가 망해도 명나라를 도와 후금에 맞서 싸워야 한다는 뜻이다. 자기 나라가 망해도 부모 같은 명나라를 도와 승산도 없는 후금과 전쟁에 참가해야 한

다니, 이를 오늘날에 비유하자면, 좋아하는 연예인을 위해서 죽어도 좋다는 광신적인 사생팬이나 할 법한 발언이다. 즉 비변사로 대표되는 조선의 사대부들은 자국이 망해도 중국에 충성하자는 광신적인 사대파에 다름 아니었다.

그런 그들에게 광해군은 영 미덥지 않았다. 명나라를 도와 후금과 싸우러 간 조선군은 모두 장렬히 전사했어야 마땅한데, 그들 중 약 절반은 죽지 않고 오랑캐 후금한테 항복을 했으니, 이것만으로도 친명 광신도들에게는 치욕스러운 일이었다.

그런데 광해군은 치욕적인 항복을 주도한 배신자인 강홍립과 연락을 주고받으며, "지금 천하의 형국은 마치 고려 때와 같으니, 고려가 송나라와 금나라 사이에서 균형 잡힌 외교를 하여 나라를 보존했듯이 우리도 그렇게 해야 한다"라는 말까지 내뱉었다. 실제로 고려 시대는 조선 시대와 사대에 대한 정책이 달랐다. 고려는 송나라한테서 우리와 함께 금나라를 공격하자는 거센 압박을 받고도 끝끝내 금나라와 전쟁을 벌이지 않고 평화를 누리며 백성의 안전을 지켰다. 오직 중국만 떠받들며 광신적 사대주의에 사로잡힌 조선 시대에 비하면 훨씬 자주적이라 할 만하다. 이와 같이 광해군은 고려처럼 명과 후금 사이에서 등거리 외교를 하면서 조선의 안전을 지키고 국익을 최대한 보장받는 자주적인 정책을 펴나

가려 했던 것이다.

하지만 광해군의 행보는 조선의 친명 사대 세력에게 명나라를 배신하고 오랑캐 후금과 손을 잡으려는 실로 가증스러운 모습으로 비쳤다. 이 때문에 광해군은 친명파인 서인들이 일으킨 인조반정으로 쫓겨나고 말았던 것이다. 이를 알기 쉽게 비유적으로 설명한다면 오늘날 미군의 사드 배치 소식을 듣고는 외교적으로 설득하겠다며 중국으로 떠난 야당 의원들에게 여당과 보수 언론이 종북좌파니 빨갱이니 하며 비난하는 것과 같다. 사실 야당 의원들도 공식적으로는 사드 배치에 찬성하는 입장이다. 다만 사드가 중국을 겨냥한 게 아니라 북한 대비용이니까 한국을 상대로 경제 보복을 하지 말라고 설득하자는 것인데, 물론 중국은 그런 주장에 동의하지 않는다. 하지만 미국이 요구하는 대로 사드를 배치해서 중국과의 무역이 단절되고 한국 경제가 파탄 나도 감수해야 한다고 굳게 믿는 광신적인 친미 사대주의자들에게는 중국을 설득하려는 정도의 제스처조차 "빨갱이 집단인 북한, 중국과 손을 잡으려는 빨갱이"로 보인 것이다.

바로 여기서 드디어 의문이 풀린다. 광해군이 인조반정으로 쫓겨난 원인은 그가 조정 대신들처럼 광신적 친명 사대에 기울지 않았기 때문이었다. 만약 광해군이 그를 몰아낸 인조처럼 온 나라의 국력을 기울여 명을 도와 후금과 계속 싸우자는 광신적 친명 사대주의의 길을 걸었다면, 병자호란이 더 앞당겨졌을지언정 인조반정을 당하지는 않았을 것이다.

다시 말해 광해군은 조선 시대의 국시인 광적인 친명 사대주의에 거스른 '종북좌파'이자 '빨갱이'였고, 그래서 조선 왕조 내내 폭군이라 불리며 미움을 받았던 것이다.

명나라만 믿고 맞서다가 삼전도의 굴욕을 자초하다

1623년 일어난 인조반정으로 광해군이 쫓겨나고 인조가 즉위하면서 조선은 완전히 친명 사대주의 세력이 정권을 잡게 되었다. 인조반정의 핵심 명분이 명나라에 대한 사대를 거스른 광해군을 벌하겠다는 것이었으니, 당연한 일이었다.

명나라가 임진왜란 때 도와준 은혜는 영원히 잊을 수가 없는데, 광해군이 명나라의 적인 후금과 화친하려 한 일은 그 은혜를 저버린 짐승 같은 짓이니 마땅히 왕위에서 쫓아낼 죄라는 것이다. '영원히 잊을 수 없는 명나라의 은혜' 운운하는 대목에서 인조반정을 일으킨 자들은 명나라에 전략적인 사대를 하는 게 아니라, 명나라가 망해도 영원히 충성할 광신적 사대주의자라는 사실을 알 수 있다.

여기서 한 가지 추측을 해보자. 만약 세종대왕이 한글을 만들지 않고 광해군이 한글을 만들었다면, 인조반정의 명분에 한글 창제도 포함되지 않았을까? 실제로 세종대왕이 한글을 만들자 최만리와 다른 대신이 모두 나서서 "중국 한자가 아닌, 우리의 독자적인 글자를 만드는 일은 곧 오랑캐가 되는 것이니, 결코 안 됩니다!" 하고 반발하지 않았던가? 그러니 "명나라의 은혜는 영원히 잊을 수 없다. 나라가 망해도 명나라를 도와야 한다!"라고 말했던 광신적 사대주의자의 시각에서 본다면, 광해군이 중국 한자가 아닌 다른 글자를 만들어 배포하는 것도 명나라에 사대를 하는데 방해가 되는 나쁜 일이라 얼마든지 광해군을 몰아낼 이유가 되는 것이다.

일각에서는 인조반정을 일으킨 서인 정권도 사실은 청나라와 전쟁을 바라지 않았다고 주장한다. 그러나 광신적 친명 사대주의를 국시로 삼은 서인 정권의 특성상, 명나라와 적대하는 청나라를 상대로 한 전쟁은 어떻게 해서든 피할 수 없는 숙명이었다. 그것은 마치 오늘날 미국이 요구하는 대로 사드 배치를 추진하면서 중국의 경제 보복이 없을 거라는 한국 친미 기득권 세력의 주장이 허튼 소리인 것과 같다. 실제로 한국 국방부가 사드 배치 결정을 발표하자, 곧바로 중국은 한국 상품의 규제 강화와 한한령限韩令(한국 드라마와 연예인들의 중국 방송 출연 금지) 등 경제 보복 조치를 연이어 내놓으며, 중국의 경제 보복이 없을 거라는 한국 정부 인사들의 주장을 터무니없는 소리로 만들었으니까.

인조반정으로부터 고작 4년 후인 1627년, 후금은 3만의 병력으로 조선을 침공하여 정묘호란을 일으켰다. 이 사건은 조선의 대 후금 외교가 완전히 실패했음을 보여주는 사례였다. 인조가 광해군이 임명한 외교 관련 인물들을 그대로 등용했다고는 하지만, 정묘호란의 발발은 그런 조치가 전혀 효과가 없었음을 증명한 꼴이었다.

전쟁 자체는 후금의 일방적인 승리였다. 조선군은 후금을 상대로 도무지 힘을 쓰지 못했으며, 삽시간에 후금은 한양 외곽까지 쳐들어 내려왔다. 후금의 군사적 압박에 당황한 조선은 서둘러 전쟁을 끝내기 위해 후금과 형제 관계가 된다는 맹약을 맺었으며 후금과 교역을 하여 물자를 공급해주기로 약속했다. 그리하여 일단 전쟁을 승리로 끝낸 후금은 군대를 돌려 본국으로 돌아갔다.

그러나 정묘호란은 더 큰 전쟁의 예고편에 불과했다. 형제의 맹약을 맺었다고는 하지만, 조선은 후금을 짐승 같은 미개한 오랑캐 정도로 여겼지, 자국과 동등한 형제라고 여기지 않았다. 교역은 후금이 원하는 만큼 많지 않았고 아무 이익이 되지 않는 생색내기 수준에서 그쳐, 후금은 내심 불만이 컸다.

반면 조선은 평안도 가도에 들어가 조선 백성들을 상대로 온갖 횡포를 부리던 명나라 장수 모문룡에게는 영 딴판으로 대했다. 당시 모문룡이 얼마나 패악질을 일삼았느냐 하면, 정묘호란 때 쳐들어온 후금군에 붙잡혀 끌려갔다가 도망쳐온 조선 백성과 피난민이 머문 민가가 모문룡의 군사들에게 습격을 받아 그 시체가 들판에 가득 널릴 정도였다. 후금군을 피해 정주로 피난을 갔던 조선 백성 1만여 명도 모문룡 군사들의 공격을 받고는 겁에 질려 물에 뛰어들었다가 겨우 300명만 살아남고 나머지는 모두 빠져 죽는 사태까지 벌어졌다(1627년 4월 17일).

또한 1628년 10월 2일자 《인조실록》의 기록에 따르면 모문룡의 부하인 모유견 등 장수 7명이 병사 300여 명을 거느리고 의주성 안으로 들어와 후금의 첩자를 찾겠다는 핑계를 대고 민가를 뒤져보고는 근처 고을을 노략질하자, 놀란 조선 백성이 모두 흩어져 달아났다고 언급된다.

1628년 10월 17일자 《인조실록》의 기록에는 모문룡 일당이 저지르는 행패가 더욱 상세하게 열거된다. 모문룡의 부하인 유천총이 병사 200명을 이끌고 풍천에 와서 마을을 노략질하고 부녀자들을 욕보였다고 하며, 11월 22일에는 사람을 시켜 명나라로 파견되는 조선의 사절단인 동지사 일행이 가진 은과 인삼까지 빼앗아갔다고 한다. 모문룡은 한 나라의 외교 사절이 국가 간의 만남에 쓰일 선물마저도 멋대로 빼앗을 정도로 탐욕스럽고 사납기 그지없었던 것이다.

이 정도로는 부족했는지, 나중에는 모문룡의 하인인 왕학승이 같은 집 종 15명을 거느리고 평양 인근의 군현들을 마음대로 들락거리며 약탈을 하고 심지어 조선의 관원인 수령을 불법 구금하고 모독하기까지 했다.

모문룡의 포악한 성정 때문에 백성과 지방 관원들까지 온갖 고초를 겪고 있는데도, 조선 조정은 어떤 해결책도 내놓지 않고 그저 지켜볼 뿐이었다. 이유는 그가 조선이 함부로 건드릴 수 없는 '대국'인 명나라의 도독이기 때문이었다. 만일 모문룡이 명나라 사람이 아닌 여진족이나 조선인이었다면 이토록 온 나라의 골칫거리가 되기나 했을까? 아니다. 진작 목이 잘려 나뒹굴었을 것이다.

여기서 주한 미군이 저지르는 범죄를 속수무책으로 방관하는 한국의 현실이 떠오르는 것은 어째서일까? 2002년 전 국민을 뜨겁게 분노하게 만든 미선이 효순이 사건으로부터 15년이 지났지만, 주한 미군 범죄는 별로 줄어들지 않았다. 반미감정을 우려하여 한국 언론들이 보도하지 않고 쉬쉬하며 숨기기에 국민들이 잘 모르는 것뿐이다. 주한 미군 범죄를 한국 정부는 제대로 처벌한 적이 없는데, 이는 한국이 미국의 군사력에 의존하는 사실상의 속국 상태와 같기 때문이다.

그나마 모문룡은 1629년 6월 6일, 명나라 장군인 원숭환에게 체포되어 죽임을 당했다. 원숭환은 모문룡의 처형 이유를 다음과 같이 열거했는데, "부녀자를 사로잡고 재물을 약탈하여 대낮에 나라 한복판에서 강도질을 하는 한편, 난민을 살육한 것을 적을 죽였다고 거짓으로 보고했다. 그러고는 끝없이 으스대고 요구하면서 동방(조선)을 큰 이익 챙길 좋은 보물덩이로 삼았다. 이는 명나라만 무시할 뿐 아니라 조선에게까지 화가 미칠까 염려되었다"는 내용이었다. 모문룡이 처형된 일은 다행이지만, 그동안 모문룡에게 조선이 보내준 곡식이 무려 26만 8000여 석에 달한다는 실록의 내용을 보면(인조실록 1629년 10월 23일), 참으로 씁쓸할 뿐이다.

하지만 모문룡이 죽었다고 조선의 위기가 끝나지는 않았다. 7년 후인 1636년, 후금이 국호를 청으로 바꾸고 다시 조선을 침공하여 병자호란을 일으킨 것이다. 병자호란의 원인 역시 정묘호란과 같았는데, 조선의 근본 기조인 친명 사대주의와 후금 적대 정책은 전혀 변하지 않았다. 조선은 여전히 명을 상국으로 섬기고 후금을 적대했으며, 더구나 후금과의 교역을 틈만 나면 줄이려 하는 바람에 후금은 조선에서 필요한 물자를 제대로 공급받지 못해서 불만이 컸다.

후금에서는 조선을 확실하게 제압하고 명나라와 손을 끊게 하여 완전히 자신들의 편으로 만들어야 한다는 여론이 강해졌다. 한동안 내부의 기틀을 다지고 몽골 동부를 공격하여 세력을 넓혀나가던 후금은 마침내 1636년, 국호를 청으로 바꾸고 종족 이름도 여진에서 만주로 고쳤으며, 아울러 군주의 호칭도 칸에서 중국식 황제로 바꾸었다. 자신들이 명나라와 동등한 제국임을 과시한 것이다. 청나라 황제 홍타이지는 조선에 사신을 보내, 자신의 황제 즉위를 인정하며 명나라와 외교를 단절하고 청나라를 상국으로 섬기라고 요구했다.

이는 사실상 조선에 대한 선전포고나 다름없었다. 명나라에 대한 사대주의를 국가의 핵심 정책으로 삼는 조선이 명나라와 싸우는 청나라를 황제의 나라이자 상국으로 섬기기란 도저히 불가능했기 때문이었다. 명나라가 청나라에게 망하거나 아니면 조선이 청나라에 완전히 굴복하기 전에는 홍타이지의 요구가 받아들여질 수 없었다. 조선이 청나라의 요구를 단호히 반대하자 홍타이지는 곧바로 조선을 침공했다. 이것이 바로 앞서 언급한 병자호란이다.

정묘호란과 마찬가지로 병자호란 역시 청나라의 압도적인 우세로 전쟁이 진행되었다. 정묘호란으로부터 9년이나 흘렀지만, 조선은 군사력이 부실하여 도저히 청군의 진격을 막아낼 수 없었다. 전쟁이 일어난 지 불과 열흘도 안 되어 청나라 군대는 파죽지세로 남하하여 조선의 수도인 한양을 함락해버렸다. 이에 인조는 대신들과 함께 허겁지겁 남한산성으로 달아났으나, 식량을 충분히 마련하지 못해서 두 달 만에 항복하고 만다.

이쯤에서 한 가지 의문이 든다. 인조와 대신들은 청나라와 전쟁이 벌어질 경우, 강력한 청군과 싸워 이길 수 있다고 믿었을까? 물론 아니었을 것이다. 조선의 내부 상황에 대해 누구보다도 잘 알고 있는 그들이 그렇게 믿었을 리 없다. 조선의 지배층이 청나라를 상대로 병자호란을 각오하면서까지 갈등과 대립 관계를 계속 끌고 간 데에는 믿는 구석이 있었기 때문이다. 바로 명나라였다.

그들은 임진왜란 때처럼 조선이 외세의 침략을 받으면 명나라가 대군을 보내 구원해줄 것으로 믿어 의심치 않았다. 그래서 설령 청나라가 조선을 침략하더라도 조금만 버티면 명나라가 군대를 보내서 구원해주리라 여기며 청나라를 계속 대수롭지 않게 취급했던 것이다. 조선을 침략한 청태종이 조선에 보내는 편지에 "이제 너희 조선이 부모처럼 믿고 의지하는 명나라가 너희를 어떻게 구하러 올지 두고 보겠다!"라고 쓴 이유도 조선이 명나라만 믿고 무

정축하성丁丑下城을 묘사한 삼전도비 부조. 정축하성은 병자호란 때 남한산성에 피신했던 인조가 농성 59일 만인 1637년(정축년) 2월 24일(음력 1월 30일)에 성을 나와 청나라 황제 홍타이지에게 항복의 예를 행한 것을 말한다. 당시 인조는 항복 대신 단순히 성에서 나온다는 뜻인 하성이라는 표현을 썼고 신하들에게도 이를 강요했다.

모하게 맞서고 있다는 사실을 알아서 그랬던 것이다. 결국 병자호란이라는 또 한 차례의 전란도 명나라에 대한 사대주의에서 기인한 셈이다.

그러나 인조와 대신들이 추위와 굶주림에 시달리며 남한산성에서 아무리 기다려도, 명나라의 구원군은 오지 않았다. 당시 명나라는 이자성과 장헌충 등이 이끄는 수십만의 농민 반란군이 본국을 파죽지세로 휩쓸고 있었다. 그들을 진압하기 위해 군 병력 대부분을 투입한 다급한 상황이라 조선에 군대를 보낼 형편이 아니었다. 조선의 지배층은 오직 명나라만 믿고 있었지만, 정작 그 명나라는 농민 반란으로 인해 무너지기 일보 직전인 판국이었다. 1644년 이자성의 반란군이 수도 북경을 함락해 명나라는 사실상 멸망하고 만다. 조선인이 하늘의 나라天朝國라고 부르며 우러러 보던 명나라는 이렇게 허무하게 망해버렸다. 이런 명나라만 믿고 무모하게 청과 전쟁을 선택한 조선의 사대주의 지배층은 대체 얼마나 무능했던 것일까?

병자호란이 한국사에 끼친 영향

병자호란에서 패배한 이후로 비록 힘에 눌려 청에 무릎을 꿇기는 했지만, 조선은 명나라와 달리 청나라에게 진심으로 사대를 하지 않았다. 거의 모든 조선인은 청나라를 '변발을 하는 미개한 야만족'이라고 내심 멸시했으며, 이러한 경향은 명나라가 망한 지 100년이 지난 18세기 말엽 청나라를 방문한 박지원이 쓴 《열하일기》에도 잘 나타난다.

청나라를 방문한 조선 사신단은 모두 청나라의 부강함과 번영함에 놀라면서 부러워했다. 그러자 어느 선비가 일어나서, 격하게 일장연설을 부르짖었다.

"위로는 황제에서부터 아래로는 백성들에 이르기까지 모두가 (만주족) 오랑캐의 변발을 했으니, 이것은 효도를 모르는 짐승이나 하는 짓이다. 중국 땅에 온통 오랑캐의 더러운 냄새가 가득 찼는데, 도대체 뭐가 볼 것이 있단 말인가? 나한테 10만 대군이 있다면, 군대를 몰고 단숨에 중원으로 쳐들어가서 오랑캐가 남긴 더러운 찌꺼기들을 모조리 없애버리고 중원을 깨끗하게 만들 것이다."

그러자 모두 감탄하며, 그 선비의 말이 옳다고 여겼다.

《열하일기》에서 언급된 변발은 정수리의 머리카락을 깎고 뒤통수 아래로 머리카락을 길게 늘어뜨리는 만주족의 머리 복식을 말한다. 조선인들은 성리학의 가르침을 따라 '신체발부는 수지부모라' 하여, 무릇 부모에게서 물려받은 몸의 한 부분도 함부로 훼손하지 않고 그대로 보존하는 것을 효도의 으뜸이라 여겼다. 이 때문에 머리카락을 깎는 변발을 효도를 내팽개치는 야만인, 즉 오랑캐의 미개한 짓거리라고 멸시했다. 이것이 잘 이해되지 않는다면 구한말 일본의 압력으로 상투를 자르라는 단발령이 시행되었을 때, 수많은 유생이 반발하여 무기를 들고 의병을 조직해 싸운 일을 떠올리면 될 것이다. 그만큼 조선의 지식인들은 성리학의 원칙에 어긋나는 일이라면 받아들일 수가 없었다.

머리 복식에 대한 단적인 예로 알 수 있듯이 조선인은 내심 청에 대한 반감과 함께 복수심을 품고 있었다. 순조 시절, 권세를 쥐고 있던 안동 김씨 집안의 귀공자인 김건순은 큰 배에 군사들을 태우고 청나라로 쳐들어가서 병자호란의 복수를 하겠다는 포부를 밝히기도 했다(현실적으로 청나라와의 국력 차이가 너무나 커서 실현될 수 없는 망상에 그쳤다).

명나라가 청나라에게 완전히 망하자, 조선은 명나라를 섬기던 학문인 성리학을 더욱 강화한다. 이는 명나라가 오랑캐 청나라에게 망해 없어지면서 조선이 세계에서 유일한 문명국이라는 위기감이 반영되어 나타난 현상이었다. 그래서 17세기 말부터 조선은 가부장제와 족보, 제사 같은 성리학적 유교 질서가 양반뿐 아니라 피지배층인 천민 사회까지 규율하는 사회가 되었다. 그러니까 후기 조선의 진짜 모습은 요즘 사극 드라마에서 볼 수 있는 활발한 사회가 아니라, 엄격한 이슬람 율법이 지배하는 이란처럼 숨이 막힐 듯한 폐쇄성과 완고함으로 가득 찬 사회였다고 보아야 옳다.

어떤 이들은 조선의 이런 변화를 두고 자주적 의식이 발현된 것으로 보기도 한다. 하지만 그보다는 명나라에게 물려받은 유산을 지키려는 친명 사대주의 정신의 연장선상에 있다고 봐야 할 것이다.

후기 조선의 친명 사대주의가 얼마나 완고했는지 살펴보자. 1704년에 지어진 명나라 만력제의 위패를 모신 화양동서원과 만동묘가 조선이 망한 이후인 1937년까지 존속해 유생들이 제사를 드릴 정도였다. 그중 만동묘를 관리하는 묘지기의 위세가 어찌나 등등했는지, "임금님 위에 만동묘지기가 있다"라는 노래까지 나올 정도였다. 심지어 조선 후기의 권력자인 홍선대원군이 만동묘를 방문했다가 묘지기한테서 "이곳은 명나라 황제를 모신 성역이라 임금도 하인의 부축을 받고 계단을 올라오지 못하는데 당신이 뭔데 감히 하인의 부축을 받는 무례를 저지르는가?" 하고 꾸짖음을 들었다고 한다. 죽은 명나라 황제가 살아 있는 조선 왕과 왕족보다 더 추앙받았으니, 조선의 친명 사대주의가 얼마나 지독했는지를 알 수 있는 사례라 하겠다. 명나라가 망해서 없어진 지 무려 200년이 지나도록 여전히 조선은 명나라에 대한 사대를 하고 있었던 셈이니, 도대체 이 괴상한 현상을 어떻게 해석해야 할까?

백번 양보해서 병자호란 때야 명나라가 존속하던 상황이었으니 명나라의 눈치를 봐서 청나라에 강경하게 나갈 수밖에 없었다고 하자. 그러나 명나라가 망하고 200년이나 지난 상황에서도 계속 명나라에 대한 사대를 하면서 청나라를 공격하자는 북벌론을 붙들고 있었다니, 과연 이를 정상적인 국가의 모습이라고 볼 수 있겠는가? 극단적인 비유를 하자면, 일제가 패망하고 물러간 지 100년 후에도 여전히 일제강점기 시절을 그리워하고, 일제를 망하게 한 미국을 미워하여 일본 대신 우리가 미국에 복수하겠다며 절치부심하는 우스꽝스러운 꼴과 같다.

한편 명나라의 잔당을 제압하고 중원을 정복한 청나라는 강희제와 건륭제라는 걸출한 성군들의 통치 아래, 번영을 누리며 세계 최강대국의 면모를 과시했다. 이런 상황에서 없어진 지 100년이 넘은 명나라를 그리워하는 광신적인 친명 사대주의가 지배하고 있던 조선 사회는 19세기 중엽부터 시작된 서구 열강과 일본의 침탈이라는 낯선 국제 정세에 적응하지 못하고, 몰락의 길을 걷고 만다. 정신세계가 굳어진 바람에 새로운 시대를 열 힘도, 새로운 세계에 대응할 능력도 잃어버린 것이다.

아쉽게도 병자호란을 기점으로 한국사는 실패의 연속으로 이어진다. 병자호란이 첫 번째 실패였다면 경술국치(일제강점기의 시작)는 두 번째 실패, 남북 분단은 세 번째 실패였다. 한국사는 병자호란부터 줄곧 내리막길을 걷기 시작했던 것이다.

이는 그저 우연의 일치일까? 우연이라고 무시하기에는 뭔가 꺼림칙하다. 혹시 병자호란이 남긴 정신적인 충격이 한국사에 매우 크고 쉽게 지워지지 않는 상흔을 남긴 것은 아닐까? 역사에서 물적 요소만 중요하다고 보는 것은 지나치게 단순한 생각이다. 사람에게는 정신적인 부분이 오히려 더 중요하기 때문이다.

병자호란을 일으킨 만주족은 삼국시대에 말갈족, 고려 시대에 여진족이라 불리던 집단이었다. 이들은 부족 단위로 만주와 연해주 일대에서 사냥과 낚시, 목축 등으로 살아갔으며, 국가를 이루지 못하고 문화 수준이 뒤떨어져 중국인과 조선인에게 미개한 오랑캐라고 오랫동안 멸시를 받았다. 특히 조선 시대에 만주족은 약 200년 동안 조선에 조공을 바치던 속국 신세였다. 그런 만주족에게 병자호란을 기점으로 조선이 무릎을 꿇고 속국이 되어버렸으니, 조선인의 자존심이 크게 꺾였을 것이다. 짐승 같은 오랑캐한테 항복을 했으니, 짐승보다 못한 신세가 되었다는 자괴감에 찌들지 않았을까?

병자호란 이후 조선 사회는 교조적인 성리학에 빠져들면서 외부 문물을 완강하게 거부하는 폐쇄적인 성향이 강해진다. 흔히 영조와 정조가 집권한 시기를 조선의 부흥기라고 하지만, 그렇게 간단하게 볼 수 있을지는 의문이다. 사상적인 면에서는 성리학이 강화되어 고증학이나 서학(천주교) 등 다른 학문과 사상을 탄압하는 폐쇄성이 점차 굳어졌기 때문이다. 정조만 해도 문체반정이라 하여, 청나라의 서적 수입을 엄격히 금지하고 성리학적인 문체만을 강요하는 정책을 밀고 나갔다.

폐쇄적인 정신세계에 사로잡혀 있던 조선은 구한말의 격동을 극복하지 못하고 만주족보다 한층 더 깔보던 오랑캐인 일본에게 주권 강탈이라는 더 큰 치욕을 당하고 만다. 맹목적 숭배만을 하다가 낭패를 당한 조선 친명 사대파의 무능함은 이후 친일파에게 고스란히 이어진다. 조선의 친명파나 일제강점기의 친일파나 모두 자신들의 종주국이 망하는 것을 알지도 막지도 못했다.

07

친일파 VS 독립투사

'가짜 일본인'인가? '진짜 조선인'인가?

1948년 대한민국 정부수립 경축식

07

한국 역사상 가장 극단적 사대파는 바로 친일파였다. 이들은 조선에 지켜야 할 좋은 가치가 아무것도 없다고 보았다. 그리고 유일한 살길은 조선인의 정체성을 버리고 선진국인 일본에 철저히 동화되는 것이라고 진심으로 믿었다. 그렇기 때문에 이 친일파들은 자발적으로 일본의 침략을 도왔으며 일본이 패망하는 날까지 열렬히 일본에 충성했다.

하지만 모두가 친일파의 길을 선택한 것은 아니었다. 어떤 이들은 조선인의 정체성을 버리고 일본에 동화되기를 거부했으며, 외세의 지배를 받지 않는 자주적 조선인만의 나라를 만들려 일본과 친일파에 맞서 싸웠다. 그들이 바로 독립투사였다.

조선의 멸망은 친일파들 때문이었다

500년 넘게 이어져온 조선 왕조는 1910년에 일본에 주권을 빼앗기고 멸망한다. 조선이 망한 원인을 두고 여러 가지 주장이 있으나, 주요한 원인 중 하나는 구한말 무렵 조선 지배층 내부에서 일본과 결탁한 친일파가 너무나 많았기 때문이었다.

몇 가지 예를 들어보자. 오늘날 많은 사람이 근대적인 새로운 문물을 소개한 계몽 기관이자 언론사로 알고 있는 '독립협회'와 '《독립신문》'은 사실 일본과 결탁한 친일 조직이었다. 애초에 독립협회와 《독립신문》 자체가 일본 외무대신과 주한 일본 공사 같은 일본의 정부 기관으로부터 지원을 받아 만들어진 단체였으니, 짐작할 만하지 않은가?

일본이 제공한 자금으로 만들어진 독립협회와 《독립신문》은 일본을 열렬히 찬양하는 데 열을 올리며, 조선인들 사이에 친일 여론을 퍼뜨리는 데 바빴다. 고종 34년(1897년) 114호자 《독립신문》에는 "사악한 청나라가 조선에서 쫓겨난 것은 하늘이 조선 백성에게 베푼 은혜"이며, 고종 35년(1898년) 별호에는 "조선은 일본의 화폐를 그대로 사용해야 한다"라는 논설이 실렸다. 또한 《독립신문》은 조

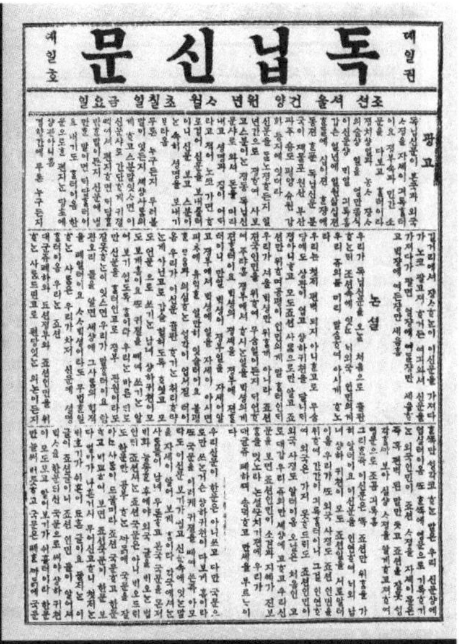

독닙신문

데일권

데일호

죠션 셔울 건양 원년 스월 초칠일 금요일

광고

논셜

《독립신문》은 1896년 4월 7일 한국에서 최초로 발간된 민간 신문으로 최초의 순한글체 신문이자 한국 최초의 영자신문이었다.

선이 자주 국방을 갖추려는 움직임을 방해하는 음해도 서슴지 않았다. 고종 황제가 2척의 군함을 외국으로부터 들여오려는 계획을 세우자 "세계 모든 나라들이 조선을 독립국으로 인정하는데 무엇하러 군함을 들여오는가? 군대는 그저 도적떼나 평정할 정도의 소규모만 있으면 된다"라고 극렬히 반대했다. 《독립신문》의 논지대로라면 조선은 일본의 화폐를 그대로 쓸 만큼 경제가 일본에 종속되고, 자주 국방을 위한 군비 증강도 하지 말아야 했던 셈이다.

아울러 《독립신문》은 일본에 맞서 싸우는 조선 의병들을 가리켜 비도匪徒(도적떼)라고 모욕하는가 하면, 조선 침략에 열을 올리던 이토 히로부미와 내통하던 이완용을 불세출의 천재이자 애국자라고 찬양했다. 이런 《독립신문》이야말로 친일 사대주의 언론이 아니고 무엇이겠는가?

독립협회 역시 친일 행각으로는 《독립신문》에 뒤지지 않았다. 러시아가 일본과 대립하자 독립협회는 반러시아적인 모습을 보이며 고종 황제를 압박했다. 고종이 러시아의 협조를 받아 4000명의 장교와 3만 명의 병사로 조직된 근대식 군대를 창설하려 하자, 독립협회는 고종에게 조선이 군비를 증강하는 것은 일본에 대해 적대적인 의도를 품은 일이 아니냐며 협박했다. 또한 독립협회는 연일 러시아를 비방하는 성명을 발표하면서 군중을 선동하여 고종을 몰아내려는 계획까지 세웠다.

말로는 '독립'을 내세웠으나, 《독립신문》과 독립협회는 사실 일본에 종속되기를 원한 위선적인 친일파 조직이었던 것이다.

그런가 하면 이토 히로부미가 조선에 보낸 첩자이면서 고종의 측근이었던 배정자 같은 경우도 있었다. 김해 고을에서 아전 노릇을 하던 배지홍의 딸로 태어난 배정자는 아버지가 역모에 휘말려 죽자 일본으로 달아났다. 배정자는 이토 히로부미를 만나 그의 첩이 되면서 자기 아버지를 죽게 한 조선을 증오하여 반드시 망하게 만들겠다는 결심을 실행하게 된다. 배정자는 조선으로 돌아와 상류 계층 인사들과 어울리면서 친분을 쌓고 뛰어난 미모와 유창한 일본어 실력으로 고종의 환심을 사서 그의 측근이 되는 데 성공했다. 조선 지배층 깊숙이 침투한 배정자는 조선에서 일어나는 고급 정보들을 전부 일본으로 넘겨주었다. 고종이 일본의 손길을 피해 러시아 블라디보스토크로 망명하려던 일이 도중에 무산된 것도 배정자가 그 사실을 알고 일본 공사관에 정보를 전해주어, 일본이 손을 써서 고종의 망명을 막았기 때문이었다. 1907년 고종이 네덜란드 헤이그에 일본의 주권 침탈을 폭로하려 밀사들을 보냈던 이른바 헤이그 밀사 사건으로 역풍을 맞아 황제의 자리에서 물러나게 된 것도 배정자가 조선의 내부 기밀 정보를 일본에 넘겨준 탓이 컸다고 전해진다.

배정자처럼 자발적인 친일 사대 매국노로 활동하며 악명을 떨친 일진회도 빼놓을 수 없다. 약 4000명의 회원으로 조직된 일진회는 《독립신문》처럼 친일 여론을 퍼뜨리는 한편, 회원들에게 군사 훈련도 시켰는데 이는 일본군을 도와 항일 의병들과 싸우는 전투에 적극 가담시키기 위해서였으며 실제로 그렇게 했다. 이들이야말로 구한말에 활개 치던 가장 악독한 친일 사대 매국노였다.

일본에 외교권을 넘긴 을사늑약을 체결하는 데 동참한 이완용과 송병준 같은 조선의 고위 관리들도 빼놓을 수 없다. 특히 이완용은 을사늑약 이후, 아들을 일본에 유학 보내면서 "장차 50년 후, 일본에 조선인 출신 재상이 나올 줄 누가 알겠느냐?"라는 말을 남겼다.

이렇게 조선 권력층 내부에 일본과 내통하는 친일파가 가득했으니, 조선이 망하지 않을 도리가 있겠는가? 아무리 항일 의병들이 무기를 들고 일어나 일본군에 맞서 싸운다고 해도, 친일파가 그 정보를 모조리 일본에 보고하는 상황이니 임진왜란 때와 달리 의병들의 항일 투쟁은 실패할 수밖에 없었던 것이다.

민족 반역자인 친일파들을 정신병자나 패륜적인 악마로 보아서는 안 된다. 오히려 그들은 고등교육을 받은 엘리트 지식인이었다. 다만 "조선은 존속할 가치가 없으니 빨리 망해서 일본에 흡수되는 일이 옳다"라는 잘못된 신념을 가진 확신범이었다.

오늘날 친일파와 가장 닮은 사람들은 입만 열면 "한국은 이래서 안 된다. 선진국이 하는 대로 본받아야 한다"라며 자국 혐오와 사대주의적 발언을 일삼는 지식인이다. 만약 이들이 구한말이나 일제강점기에 활동했다면, 아마도 대부분 자발적으로 열렬한 친일파가 되지 않았을까 싶다.

〈기미독립선언서〉: 그들은 왜 변절했는가

조선이 멸망하고 일제가 이 땅을 지배하는 일제강점기가 시작되면서 친일파는 더욱 늘어났다. 그중에는 원래 조선 독립을 부르짖다가 변절한 사람들도 있었는데, 대표적인 예로 최남선과 이광수를 들 수 있다. 최남선과 이광수라는 이름이 낯설 수 있지만, 3.1 운동과 〈기미독립선언서〉라고 하면 역사 시간에 졸지 않은 이상 들어보았을 것이다. 최남선과 이광수는 바로 이 〈기미독립선언서〉를 작성한 사람들이다.

조선의 독립을 주장하며 민족 대표 33인의 이름으로 발표된 〈기미독립선언서〉는 한국 역사에서 반드시 가르치는 대목으로 남아 있을 만큼 높이 평가되어 왔다. 흔히 〈기미독립선언서〉는 학생들에게 "비폭력과 준법, 인류 공존과 평화 정신을 담은 위대한 문서"라는 식으로 장밋빛으로 포장되고 있다.

하지만 눈여겨봐야 할 점이 있다. 〈기미독립선언서〉를 쓴 최남선과 이광수는 3.1 운동 이후 친일파로 돌아선다. 조선 독립을 외치던 사람들이 왜 일본에 충성하는 친일파가 되었을까? 뭔가 이상하지 않은가? 친일파로 전향한 사람들이 썼던 〈기미독립선언서〉

최남선과 더불어 기미독립선언서 작성에 참여한 이광수. 그는 3.1 운동의 실패로 충격을 받아 자신이 외쳤던 평화와 인도주의를 완전히 버리고, 히틀러와 일제 같은 침략적 파시스트 세력에 열렬한 찬양을 보내며 조선 청년들로 하여금 일본군에 자원하라고 선동했다.

의 내용은 대체 얼마나 진정성이 있었을까?

사실 〈기미독립선언서〉에는 단순히 조선 독립을 외쳤다고 기뻐하기에는 꺼림칙한 내용이 적지 않다. 지금부터 〈기미독립선언서〉 원문에 담긴 어두운 비밀들을 들춰보겠다.

> 吾等(오등)은 慈(자)에 我(아) 朝鮮(조선)의 獨立國(독립국)임과 朝鮮人(조선인)의 自主民(자주민)임을 宣言(선언)하노라. 此(차)로써 世界萬邦(세계만방)에 告(고)하야 人類平等(인류 평등)의 大義(대의)를 克明(극명)하며, 此(차)로써 子孫萬代(자손만대)에 誥(고)하야 民族自存(민족자존)의 正權(정권)을 永有(영유)케 하노라.
>
> —《기미독립선언서》

여기까지는 국어 혹은 국사 시간에 한번쯤 들어보았을 문장이다. 조선의 독립과 자주를 외친다는 기본적인 뜻은 전혀 나쁠 것이 없다. 그런데 그다음 대목부터 서서히 문제점을 드러낸다.

舊時代(구시대)의 遺物(유물)인 侵略主義(침략주의), 强權主義(강권주의)의 犧牲(희생)을 作(작)하야 有史以來(유사 이래) 累千年(누천년)에 처음으로 異民族(이민족) 箝制(겸제)의 痛苦(통고)를 嘗(상)한지 今(금)에 十年(십 년)을 過(과)한지라. 我(아) 生存權(생존권)의 剝喪(박상)됨이 무릇 幾何(기하)이며, 心靈上(심령상) 發展(발전)의 障碍(장애)됨이 무릇 幾何(기하)이며, 民族的(민족적) 尊榮(존영)의 毁損(훼손)됨이 무릇 幾何(기하)이며, 新銳(신예)와 獨創(독창)으로써 世界文化(세계 문화)의 大潮流(대조류)에 寄與補裨(기여보비)할 奇緣(기연)을 遺失(유실)함이 무릇 幾何(기하)이뇨.

이민족인 일본의 침략으로 조선인들이 생존권과 정신을 훼손당해 고통을 받았다고 하는데, 뒷부분에 가서는 그 때문에 조선인들이 세계 문화에 기여할 기회를 잃었다고 비분강개한다.

이 부분은 좀 이상하지 않은가? 이민족의 침략을 당해 자기 나라의 주권을 상실한 민족이라면 당장 입에서 나올 소리가 "이민족은 썩 물러가라!"라는 절규가 아니겠는가? 뜬금없이 "세계 문화에 기여할 기회를 잃었다"라는 문장은 왜 나온 걸까? 일본의 압제에 신음하던 3.1 운동 당시, 과연 조선 민중이 "우리가 일본의 침략을 당해서 세계 문화에 기여할 기회를 잃어버렸다"라는 생각을 해보기나 했을까? 이는 너무 고상한 소리가 아닐까? 자기 민족이 확고한 자주성을 되찾고 정체성을 완성한 다음에야 세계 문화 기여건 무엇이건 할 수 있을 것이다. 이 부분에서 나는 그들이 품었던 사대주의적인 발상이 드러난다고 본다.

> 二千萬(이천만) 各個(각개)가 人(인)마다 方寸(방촌)의 刃(인)을 懷(회)하고, 人類通性(인류통성)과 時代良心(시대양심)이 正義(정의)의 軍(군)과 人道(인도)의 干戈(간과)로써 護援(호원)하는 今日(금일), 吾人(오인)은 進(진)하야 取(취)하매 何强(하강)을 挫(좌)치 못하랴. 退(퇴)하야 作(작)하매 何志(하지)를 展(전)치 못하랴.

2000만 조선인이 저마다 '양심'과 '정의', '인도주의'를 갖고 있으면, 아무리 강력한 힘도 이길 수 있다고 한다. 이 대목을 읽으면 어처구니가 없어 헛웃음만 나올 뿐이다. 도대체 이런 글을 쓴 사람들은 무슨 생각을 가졌던 걸까? 조선인이 양심과 정의, 인도주의가 없어서 일본에게 나라를 빼앗겼다고 분석한 것일까? 냉혹하고 살벌한 국제사회에서 양심과 정의, 인도주의가 아무리 강한 힘도 이길 수 있다니? 글자깨나 읽었다는 지식인이란 사람들이 어떻게 이런 순진한 소리를 할 수가 있었을까?

이렇게 말하면 "양심과 정의, 인도주의는 좋은 것이 아닌가? 그런데 왜 나쁘게 보는가?" 하고 이의를 제기할 사람도 있을 것이다. 물론 도덕적인 면에서 본다면 좋은 개념이긴 하다. 그러나 냉혹한 국제사회에서 양심이니 정의니 인도주의니 하는 멋진 이상은 한계가 있다. 다소 잔인한 말 같지만, 이것이 현실이다.

2003년 이라크 전쟁 무렵에 있었던 일을 떠올려보자. 미국의 이라크 침공을 앞두고 전 세계에서 반전 여론이 들끓었다. 미군의 공격을 몸으로 직접 막아내겠다는 이른바 '인간방패'가 무려 10만 명이나 앞다투어 이라크로 달려갔다. 그들은 진심으로 양심과 정의, 인도주의를 믿은 선량한 사람들이었다.

그러나 인간방패들은 막상 미군이 이라크를 폭격하자 어쩔 수 없이 그곳을 떠나야 했다. 신념만으로는 전쟁을 막지도, 이라크인들의 생명을 지키지도 못했다. 양심과 정의, 인도주의는 폭력 앞에 한계를 보였다.

전쟁을 막기 위해 남의 나라로 달려간 10만 명의 선의는 물론 고결하다. 하지만 미군의 공격으로 죽어간 수많은 이라크 민간인에게 실질적인 도움을 주긴 어려웠다.

힘이 없는 정의는 한계가 있다. 실제로 〈기미독립선언서〉를 쓴 이들이나 이라크 인간방패를 자처한 사람들 모두 현실의 냉혹함 앞에서 할 말을 잃고 말았다.

그러니 〈기미독립선언서〉를 읽으면서 문득 걱정이 든다. "양심과 정의, 인도주의를 갖고 있으면, 아무리 강력한 힘도 이길 수 있다"라는 내용을 고상하게만 가르치는 교육에 문제가 있다고 말이다. 암울한 일제강점기의 상황은 물론 선언서의 초안을 잡은 이들의 친일 행위를 낱낱이 교육하는 것이 중요하지 않을까? 나는 역사의식과 올곧은 신념은 제대로 된 교육을 통해서만 함양된다고 본다. 힘 있는 정의의 토대는 바로 여기서 시작된다.

丙子修好條規(병자수호조규) 以來(이래) 時時種種(시시종종)의 金石盟約(금석맹약)을 食(식)하얏다 하야 日本(일본)의 無信(무신)을 罪(죄)하려 안이 하노라. 學者(학자)는 講壇(강단)에서, 政治家(정치가)는 實際(실제)에서, 我(아) 祖宗世業(조종세업)을 植民地視(식민지시)하고, 我(아) 文化民族(문화민족)을 土昧人遇(토매인우)하야, 한갓 征服者(정복자)의 快(쾌)를 貪(탐)할 뿐이오, 我(아)의 久遠(구원)한 社會基礎(사회 기초)와 卓犖(탁락)한 民族心理(민족심리)를 無視(무시)한다 하야 日本(일본)의 少義(소의)함을 책(責)하려 안이 하노라.

위 문장에서 언급한 병자수호조규는 1876년 2월 27일, 조선과 일본이 맺은 강화도조약을 가리킨다. 국사 교과서에서 가르치는 것처럼 강화도조약은 불평등 조약이었고, 그로 인해 조선은 일본을 상대로 한 무역 적자가 해마다 쌓여 막대한 경제적 피해를 보았다.

한데 그 뒤에 이어지는 문장이 심상치 않다. 강화도조약 이후에 일본이 자주 조선과 맺은 약속을 어겼다고 해서(일본이 조선을 보호하고 발전시켜주겠다고 한 것들일 것이다), 그런 신뢰 없는 행동을 죄라고 하지 않겠다는 것이다. 약속을 어기는 것이 죄가 아니다? 평범한 사람들 사이에서도 거짓말을 하고 약속을 어기면 사이가 파탄이 난다. 금융 기관에서 신용 불량자로 낙인이 찍히면 큰 불이익을 받기 마련이다. 그런데 국가 간에 약속을 어긴 것이 죄가 아니라니? 도대체 이게 무슨 황당한 소리인가?

그러고 나서 〈기미독립선언서〉에는 일본인이 조선을 무시한다고 해서 꾸짖지 않겠다는 내용이 나온다. 이 역시 앞의 문장과 통하는 내용이다. 물론 도무지 공감할 수 없는 말이다. 다음 문장도 보자.

> 自己(자기)를 策勵(책려)하기에 急(급)한 吾人(오인)은 他(타)의 怨尤(원우)를 暇(가)치 못하노라. 現在(현재)를 綢繆(주무)하기에 急(급)한 吾人(오인)은 宿昔(숙석)의 懲辨(징변)을 暇(가)치 못하노라.
>
> 今日(금일) 吾人(오인)의 所任(소임)은 다만 自己(자기)의 建設(건설)이 有(유)할 뿐이오, 決(결)코 他(타)의 破壞(파괴)에 在(재)치 안이하도다. 嚴肅(엄숙)한 良心(양심)의 命令(명령)으로써 自家(자가)의 新運命(신운명)을 開拓(개척)함이오, 決(결)코 舊怨(구원)과 一時的(일시적) 感情(감정)으로써 他(타)를 嫉逐排斥(질축배척)함이 안이로다.

자기를 꾸짖기에 바쁜 우리는 남을 원망하거나 탓할 틈이 없으며, 현재를 바쁘게 준비하느라 (일본이 저지른) 옛날의 잘못을 벌하거나 따질 수 없다고 한다. 또한 오늘 우리의 임무는 다른 자(일본)의 파괴도 아니며, 원한과 감정으로 다른 자를 내쫓거나 반대 또는 거부하는 것도 아니라고 한다.

이런 논리대로라면 무기를 들고 일본에 맞서 싸운 홍범도, 김좌

진, 윤봉길, 김원봉 같은 독립운동가들, 그리고 오늘날 일본의 과거사와 독도 문제에 대해 사과를 요구하는 과거사 피해자들은 모두 잘못을 저지르고 있다는 말이 된다. 왜? 〈기미독립선언서〉에서 일본을 원망하거나 탓하거나 혹은 일본의 잘못을 벌하거나 따지거나 반대해서는 안 된다고 못을 박았으니까. 생각해보라. 일본군이나 관리를 상대로 총을 쏘고 폭탄을 던진 독립운동가들은 일본을 "파괴"하고 그 "잘못을 벌한" 것이며, 과거사 피해자들도 일본에 대해서 "원한과 감정으로 반대"하고 있지 않은가?

여기서 우리는 심각한 문제에 봉착하게 된다. 〈기미독립선언서〉는 첫머리에서는 조선의 독립을 외쳤지만, 정작 본론으로 들어가면 일본에 대해서 어떠한 공격이나 저항조차 모조리 나쁜 것으로 단정하고 있다. 한마디로 말해서, 조선인은 일제가 어떤 억압을 가해도 일본을 미워하거나 맞서 싸우지 말라는 뜻이다. 이게 어떻게 독립을 부르짖는 글이라고 할 수 있는가?

조선 독립에 가장 큰 공헌을 한 윤봉길과 김구 같은 임시정부 요인들은 무기를 들고 목숨을 걸고 일본에 맞서 싸운 사람들이다. 〈기미독립선언서〉에 명시된 저 문장처럼 일본을 원망하거나 탓하거나 혹은 일본의 잘못을 벌하거나 따지거나 반대하지 않았던 것이 결코 아니었다.

오늘날 우리는 어떤가? 임시정부 요인들을 추앙하면서 동시에 그들의 독립 방식을 철저하게 반대한 〈기미독립선언서〉를 위대한 인도주의 정신이라 하면서 함께 치켜세우고 있지 않은가? 이는 너무나도 모순된 일이다. 〈기미독립선언서〉를 추앙하려면 임시정부를 부정하고 일본에 더 이상 과거사의 사과를 요구하지 말아야 하며, 아니면 이대로 임시정부를 추앙하고 일본에 과거사 사과를 계속 요구하려면 더 이상 〈기미독립선언서〉를 치켜세우지 말든지 둘 중 하나만 해야 한다.

"일본을 원망하거나 탓하거나 혹은 일본의 잘못을 벌하거나 따지거나 반대하지도 않으면서" 대체 어떻게 독립을 하겠다는 것인지 도대체 이해할 수가 없다.

최남선과 이광수는 "일본인 대다수는 다 착하고 도덕적인 선진국 사람이니, 우리가 이렇게 인정에 호소하는 글을 쓰면 읽고 나서 감동을 받아서 조선을 그냥 독립시켜 주겠지!" 하고 순진하게 믿었던 것은 아닐까? 그렇지 않고서야 일본을 원망하거나 탓하거나, 일본의 잘못을 벌하거나 따지거나 반대하지 않는다면서 조선의 독립을 선언한다는 황당무계한 모순적인 글이 나올 리가 없지 않은가? 만약 그렇다고 한다면 최남선과 이광수는 시작부터 일본에 의존하려는 한심한 사대주의적 태도를 보인 것이다. 장차 친일파로 변절할 태도가 예견된 것이나 다름없다고 하겠다.

하기야 오늘날 일본인들이 독도를 자기네 땅이라고 주장하고 위안부 문제마저 조작이라고 하는 데는 그럴 만한 이유가 있다. 일본은 선진국이니까, 그런 선진국 국민인 일본인이 거짓말을 할 리가 없다는 주장을 버젓이 하는 한국인들이 있기 때문이다. 그들은 최남선과 이광수처럼 어리석은 정신적 사대주의에 사로잡힌 것이 아닐까?

> 舊時代(구시대)의 遺物(유물)인 侵略主義(침략주의), 强權主義(강권주의)의 犧牲(희생)을 作(작)하야 有史以來(유사이래) 累千年(누천년)에 처음으로 異民族(이민족) 箝制(겸제)의 痛苦(통고)를 嘗(상)한지 今(금)에 十年(십년)을 過(과)한지라.
>
> 아아, 新天地(신천지)가 眼前(안전)에 展開(전개)되도다. 威力(위력)의 時代(시대)가 去(거)하고 道義(도의)의 時代(시대)가 來(내)하도다.

이 대목에서 〈기미독립선언서〉를 쓴 이들의 국제정세를 보는 통찰력이 얼마나 형편없었는지가 적나라하게 드러난다. 이들은 이민족(일본)의 침략과 강압이 과거의 유물이고, 이제는 그런 힘의 시대가 끝나고 도덕과 정의의 시대가 왔다고 주장한다. 이 문장만 보고 있으면 마치 당장이라도 지구 전체에서 제국주의와 식민지 침략 전쟁이 끝나고 영원한 평화가 계속되는 낙원이 열릴 것만 같다.

그러나 현실은 정반대였다. 〈기미독립선언서〉가 나온 해에 조선은 일본의 침략과 강압에서 벗어나지 못했다. 〈기미독립선언서〉가 나오고 22년이 지난 1941년에는 일본이 미국과 태평양전쟁을 벌였다. 식민지 조선도 그 여파에 휩쓸리며 전시 체제로 전환되었다. 수많은 식량과 물자가 일본군에 의해 강제로 공출되었고, 조선 청년과 처녀들은 강제 징용과 위안부의 희생자가 되어 전쟁터로 끌려가 죽음과 치욕을 겪어야 했다. 심지어 1945년 8월 15일 일제가 패망하고 한반도에서 물러간 이후에도 〈기미독립선언서〉에서 낙관했던 도의의 시대 따위는 오지 않았다. 오히려 5년 후인 1950년에는 무려 400만이나 되는 사람이 죽거나 다치는 끔찍한 한국전쟁이 벌어졌다.

이와 같은 일의 원인이 된 충격적이고 어처구니없는 일은 따로 있었다. 〈기미독립선언서〉를 쓴 최남선과 이광수, 그리고 〈기미독립선언서〉가 낭독되는 자리에 있었던 민족대표 33인 중 한 명인 최린이 3.1 운동 이후에 자발적으로 열렬한 친일파가 된 것이다. 그들은 일본의 제국주의를 찬양하고 조선의 젊은이들에게 일본을 지키기 위해 전쟁터로 달려가 목숨을 버리라고 강요했다. 그들은 스스로 〈기미독립선언서〉에서 과거의 유물이라고 폄하했던 "이민족의 침략과 강압"에 무릎을 꿇었고, "위력의 시대"를 칭송하며 과거 자신들이 노래했던 "도의의 시대"를 완전히 부정해버렸다. 그들 중 최린은 다음과 같은 말까지 남기며 자신의 과거를 참회(?)했다.

> "루스벨트여! 귀가 있으면 들어보라. 내가 윌슨의 자결주의에 속아 천황의 역적 노릇을 하였다. 이 절치부심할 원수야! 이제는 속지 않는다. 나는 과거를 청산하고 훌륭한 황국신민이 되었다는 것을 알아라!"

하지만 그의 고백 역시 〈기미독립선언서〉에서 "위력의 시대가 끝나고 도의의 시대가 왔다"던 소리만큼이나 섣부르고 어리석은 짓이었다. 일본이 미국을 상대로 일으킨 태평양전쟁은 불과 4년 만에 일본의 완전한 패배로 끝났다. 애초부터 공업 생산력에서 일본보다 무려 15배나 앞서 있었을 만큼 국력에서 우위였던 미국이 일본과 치른 전쟁에서 패배할 리가 없었음에도 최남선, 이광수, 최린 같은 친일파들은 일본이 미국을 이긴다고 굳게 믿었다. 태평양전쟁 말기가 되면 일본의 국토가 미군의 폭격에 파괴되고 수많은 일본군이 미군의 공격에 일방적으로 죽어나가는 판국이었는데도, 친일파 지식인들은 일본이 끝내 승리한다고 외쳤다. 그들은 현실을 보지 않고, 오직 자신들이 믿는 환상 속의 '대일본제국'만을 숭배했던 것이다.

요약하면 그들은 처음엔 윌슨의 민족 자결주의와 다른 약소국들의 독립을 보고 이제 조선도 그런 식으로 쉽게 독립을 이룰 수 있다고 섣불리 판단했다가 막상 3.1 운동이 실패로 끝나자 절망하여 친일파로 전향했다. 하지만 그들이 기댄 일본 역시 태평양전쟁이 벌어지자 오래 가지 못하고 무너져버렸다. 그들은 국제 정세를 전혀 모르고 두 번이나 잇따라 잘못된 선택을 한 꼴이었다. 그들은 시쳇말로 '영리한 바보'였던 셈이다.

여기서 역사를 공부해온 경험을 바탕으로 개인적인 입장을 밝히자면, 인류가 존재하는 한 '위력의 시대'는 끝나지 않고 영원히 계속될 것이다. 그리고 〈기미독립선언서〉에 언급된 '도의의 시대' 따위는 과거에도 없었고 지금도 없으며 앞으로도 없을 것이다. 미국의 외교관인 헨리 키신저가 말했듯이 국제사회에는 도덕이 없으며 오직 힘의 질서만 존재하기 때문이다. 있지도 않은 도의의 시대 따위를 운운하다니 세상에 이렇게 어리석을 수가 있을까?

〈기미독립선언서〉는 공약삼장으로 끝난다. 그 내용은 다음과 같다.

公約三章 (공약삼장)

今日(금일) 吾人(오인)의 此擧(차거)는 正義(정의), 人道(인도), 生存(생존), 尊榮(존영)을 爲(위)하는 民族的(민족적) 要求(요구)이니, 오즉 自由的(자유적) 精神(정신)을 發揮(발휘)할 것이오, 決(결)코 排他的(배타적) 感情(감정)으로 逸走(일주)하지 말라.

最後(최후)의 一人(일인)까지, 最後(최후)의 一刻(일각)까지 民族(민족)의 正當(정당)한 意思(의사)를 快히 發表(발표)하라.

一切(일체)의 行動(행동)은 가장 秩序(질서)를 尊重(존중)하야, 吾人(오인의 主張(주장)과 態度(태도)로 하야금 어대까지던지 光明正大(광명정대)하게 하라.

요약하면 1919년의 3.1 운동은 정의와 인도주의에 의거한 요구이니 결코 배타적 감정, 즉 일본에 적대하는 감정으로 나가지 말라는 것이다. 그리고 정당하게 의사 즉 대한 독립 만세를 외치되, 질서를 지키면서 하라고 했다.

얼핏 보면 오늘날의 평화 시위에 대한 당부 같다. 그래서 어떤 이들은 〈기미독립선언서〉가 평화적 독립을 이루려는 정신을 담고 있다면서 감격하기도 한다.

그러나 여기에는 중대한 약점이 있다. 일본의 식민지에서 벗어나 독립을 이루겠다면서 어떻게 일본을 배타적으로 대하지 않을 수 있단 말인가? 앞에서도 밝혔지만 "일본을 원망하거나 탓하거나 혹은 일본의 잘못을 벌하거나 따지거나 반대하지도 않을" 바에야 무엇을 위해서 독립을 하겠다는 것인가? 그럴 바에야 번거롭게 독립하지 말고 그냥 일본과 함께 사이좋게 살겠다고 하는 편이 더 낫지 않겠는가?

또한 질서를 지키면서 독립 만세 시위를 하라? 이것도 말이 되지 않는다. 만약 일본 당국이 "대한 독립 만세를 외치는 시위는 모두 불법이므로 절대 금지한다. 시위대는 즉각 해산하고 집으로 돌아가라!" 하고 엄포를 놓는다면, 아무런 항의 없이 그 말에 따라야 하는가? 그렇다면 그것이 무슨 독립 운동이 될 수 있겠는가? 질서라고 하지만, 그 질서를 대체 누가 주장하는가? 침략자이자 압제자인 일본이 아닌가? 그런 일본이 내세우는 질서에 순응하면서 대체 어떻게 일본으로부터 벗어나자는 독립을 외칠 수 있다는 말인지 가늠하기 어렵다.

〈기미독립선언서〉를 분석한 결과, 문맥에서 느낄 수 있는 바는 국제 정세에 지극히 무지한 어리석음과 도저히 실현될 수도 없는 지적 허영과 정신적 자위로 가득 찬 공허한 명분과 이념들 뿐이었다. 이런 애매모호한 이념을 내세우던 최남선과 이광수는 일제가 강력한 탄압을 가해 3.1 운동을 억누르자, 태도를 바꿔서 "대일본 제국을 위해 조선 청년들은 전쟁터로 나가 싸우다 죽어라!" 하고 외치는 열렬한 친일파로 변절했다. 아마 그들 스스로 자신들이 썼던 글은 다 헛된 것이며, 오직 강력한 힘을 지닌 일제에 충성해서 그 대가를 많이 챙기는 것만이 현실적으로 가능한 일이라고 여겼기 때문이 아니었을까?

《무오독립선언서》와 《충무독립선언서》: 우리는 끝까지 피를 흘리며 싸우겠다!

그나마 다행스러운 일은 조선에 죄다 〈기미독립선언서〉같이 뜬구름 잡는 허무맹랑한 소리에 빠진 사람들만 있었던 것은 아니었다는 사실이다. 사람들이 잘 모르는 사실이지만, 〈기미독립선언서〉 이외에 다른 독립 선언서들도 있었다. 대표적인 경우로는 〈무오독립선언서〉와 〈충무독립선언서〉를 들 수 있다.

〈무오독립선언서〉는 1919년 2월 1일, 미국과 중국과 소련에 사는 독립투사 39명의 이름으로 발표된 글이다. 이 글의 내용을 아래에 실어본다.

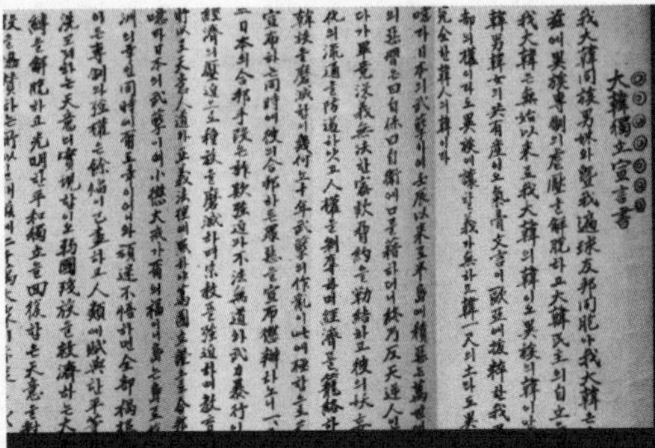
大韓獨立宣言書

무오독립선언서 석판 인쇄본

정의는 무적의 칼이니 이로써 하늘에 거스르는 악마와 나라를 도적질하는 적을 한 손으로 무찌르라. 이로써 5천년 조정의 광휘光輝를 현양顯揚할 것이며, 이로써 2천만 백성의 운명을 개척할 것이니, 궐기하라 독립군!

천지로 망網한 한번 죽음은 사람의 면할 수 없는 바인즉, 개·돼지와도 같은 일생을 누가 원하는 바이리오. 살신성인하면 2천만 동포와 동체同體로 부활할 것이니 일신을 어찌 아낄 것이며, 집안이 기울어도 나라를 회복되면 3천리 옥토가 자가의 소유이니 일가一家를 희생하라!

아 우리 마음이 같고 도덕이 같은 2천만 형제자매여! 국민본령國民本領을 자각한 독립임을 기억할 것이며, 동양평화를 보장하고 인류평등을 실시하기 위한 자립인 것을 명심할 것이며, 황천의 명령을 크게 받들어祇奉 일절一切 사망邪網에서 해탈하는 건국인 것을 확신하여, 육탄혈전肉彈血戰으로 독립을 완성할지어다.

읽어 보면 알겠지만 〈무오독립선언서〉의 내용은 〈기미독립선언서〉와 전혀 다르다. 일본의 잘못을 꾸짖지도 벌하지도 않겠다는 우유부단한 〈기미독립선언서〉와 달리, 〈무오독립선언서〉에서는 집안을 희생해서라도 피를 흘리며 일본에 맞서 싸워 조선인들 스스로의 힘으로 독립을 쟁취하자고 강력하게 호소하고 있다.

또한 3.1 운동 당시 서울에는 일명 〈충무독립선언서〉도 뿌려졌는데, 아래는 그 원문이다.

일본은 자칭 우두머리로 동양의 평화를 담당하였다. 일본은 스스로 법으로 다스리는 나라, 문명적인 사회임을 장담한다. 그러나 그들이 나라를 빼앗은 뒤 10년인 오늘, 우리는 과연 어떠한가. 무엇을 먹고 무엇을 입고 사는가? 그들은 겉으로는 문명화를 이야기하고, 동양 평화를 이야기한다. 그리고 즐비한 기와집에 전등불, 기차 소리, 마차 소리, 대포 소리, 말굽 소리를 이야기한다. 도시의 거리거리가 넓어졌고, 아름다운 정원에 봄꽃이 향기로워졌으며,

하늘과 국토는 더욱 밝아지고, 산해진미가 풍부해졌다고도 한다.

과연 그렇다. 그러나 보라! 그 화려함이 모두 누구의 것이며, 그 크고 아름다운 건물들이 과연 누구의 것인가? 봄가을에 나는 곡식과 과일이 모두 그들의 것이며, 강산을 횡단하는 기차 바퀴와 동해에 정박한 커다란 함선은 이 나라 부와 풍요함을 실어 가는 약탈의 도구요, 문명의 소리는 우리 동포들의 목숨이 잘리고 피와 기름이 짜이는 원통한 비명이다.

보라! 그들이 말하는 화려한 골목의 뒤편과 산 언덕배기를! 거기는 굶어서 얼굴 부은 형제와 헐벗어 사지를 못 쓰는 동포가 뒤끓고 있다. 법치를 운운하는 그들은 펜 끝 하나로 동포를 죽이니 형장마다 쓰러진 목숨의 파편이 뒹굴고 있는 것이다. 이것이 곧 법치요, 문명이다.

패자, 약자, 떠돌이, 고향을 잃어버린 자, 조국에서 쫓겨난 자, 국경 없는 유랑자가 우리의 별명이요, 오대양 육대주 사람 사는 거리거리, 가는 곳마다 발 구르는 소리요 피눈물이었다. 엄청난 형벌을 받아야만 하는 죄가 나라 없는 죄요, 뼈저린 설움이 나라 잃은 설움이어라. 파란 옥 같은 조국의 하늘, 기름진 이 강산을 두고 갈 곳이 어디인가? 제 어깨로 제 몸뚱이를 지탱하지 못할 지니, 형제여 짐승으로 살려 하는가? 나라 없는 개가 되랴?

> 이 피 맺힌 목청으로 조국의 서울에서 함성이 솟았다. 삼천리에는 전 민족의 함성과 발등마다 핏물이 흐르는 세기의 행진곡이 시작되었다. 동포여 큰 길거리로 나오라! 눈 먼 자여, 귀 먹은 자여, 입 있는 벙어리여, 굶주린 내 동지여! 삼천리 내 땅, 내 거리, 내 형제, 내 누이, 원통하게 죽은 넋들이여 모두 나오려무나!

개인적으로 나는 조선 전국 각지에서 무려 200만 명이 참가한 3.1 만세 운동을 일으킨 선언문은 저 위의 〈충무독립선언서〉 같이 조선 민중의 피를 끓어오르게 만든 격한 어조의 글이었다고 본다. 1919년 당시 조선 땅에는 지금처럼 전 국민 의무 교육 제도도 없었고, 문자 해독률도 매우 낮아 조선인 전체의 절반 이상이 글을 몰랐다. 그런 상황에서 제대로 교육받은 사람들조차 그 뜻을 이해하기 어려운 애매모호한 글귀의 〈기미독립선언서〉의 내용이 과연 조선 민중으로 하여금 거리로 몰려나와 독립 만세를 외치게 할 동기를 제공했을까? 아니면 단순하면서도 확실한 어조로 일본의 폭압을 비판하며 조선 민중의 궐기를 부르짖는 〈무오독립선언서〉와 〈충무독립선언서〉가 3.1 운동에 더 결정적인 동기를 제공했을까?

혹시 "폭력은 그 동기가 아무리 좋아도 나쁘다. 폭력이 아닌, 평화적인 방법으로 독립을 이루어야 옳다"는 논리로 〈무오독립선언서〉와 〈충무독립선언서〉를 비판하고, 〈기미독립선언서〉를 긍정적으로 치켜세울 사람이 있을지도 모르겠다. 그러나 조선의 독립이 어떻게 이루어졌는가? 착하고 도덕적인 일본인들이 양심의 가책을 느껴서 조선을 독립시켜준 것이 아니다. 미국, 소련, 영국, 중국, 대한민국 임시정부 같은 연합국들과의 전쟁에서 일본이 패배했기 때문이다. 더 이상 조선을 지배할 힘을 잃었기 때문에 어쩔 수 없이 조선의 독립을 승인했던 것이다.

현실이 이럴진대, 기껏해야 일본의 선의에 호소하는 나약한 사대주의 근성에 근거한 〈기미독립선언서〉가 과연 조선 독립에 얼마나 기여했을지는 의문이다. 오히려 조선의 독립에는 〈무오독립선언서〉와 〈충무독립선언서〉에 담긴 무장 투쟁의 의지가 표출된 홍커우 공원 의거 같은 사건들이 큰 역할을 했다. 대한민국 임시정부 소속의 독립투사인 윤봉길이 던진 폭탄에 일본 정부와 군의 고관들이 죽었고, 이 사건에 큰 감동을 받은 중화민국의 장제스 총통이 카이로회담에서 미국과 영국 등 연합국 수뇌들에게 조선의 독립을 강력히 주장하면서 비로소 조선의 독립이 국제적으로 인정받을 수 있었다.

공허한 이상만 부르짖은 〈기미독립선언서〉를 쓴 최남선과 이광수는 친일 사대파로 변절했지만, 〈무오독립선언서〉와 〈충무독립

홍커우 공원에서 폭탄을 투척해 일본의 고관들을 제거한 독립투사 윤봉길. 홍커우 의거에 감동한 중화민국의 장제스 총통은 대한민국 임시정부를 적극 지원하는 한편 카이로회담에서 조선의 독립을 강력히 주장하여 관철했다. 조선 독립의 최대 공신은 단연 윤봉길과 그를 발탁한 김구였다.

선언서〉의 무장 투쟁 정신을 계승한 독립투사들은 끝내 독립을 이루어냈다. 사대파와 자주파의 차이가 바로 여기에 있는 것이다.

주인한테서 버림받은 친일파들

1945년 8월 15일, 일본이 연합국에 무조건 항복하면서 36년 동안의 일제강점이 끝나고 조선이 드디어 해방되었다. 한반도에 들어왔던 일본인은 모두 자기 나라인 일본으로 철수했는데, 그 대열에 최남선과 이광수 같은 거물급 친일파는 단 한 명도 끼지 못했다.

그들이 보기에는 매우 인정머리 없는 처사였다. 구한말과 일제 강점기 시절, 친일파들이 일본을 위해서 얼마나 열렬히 충성했던가? 한때 〈기미독립선언서〉를 썼던 최남선은 친일파로 전향한 이후, 직접 만주에 찾아가 독립군을 상대로 조선 독립은 불가능하니, 쓸데없는 짓 그만두고 일본에 항복하라고 선무 공작을 벌였다. 그와 함께 〈기미독립선언서〉를 쓴 이광수는 조선 청년들로 하여금 일본군에 입대하여 전쟁터로 나가 싸우다 장렬히 전사하라며 선전에 앞장섰다. 이토 히로부미의 첩자였던 배정자는 일본의 만주 침략을 돕기 위해서 직접 만주로 가서 마적단 두목의 애첩 노릇까지 하면서 알아낸 정보를 일본군에 전달했다. 조선의 기독교 성직자들은 돈을 모아 '조선장로호'라는 이름의 전투기를 일본에 바쳤으며, 대형 교회의 모 목사는 일왕 히로히토가 재림 예수라며 아부하기까지 했다. 그 밖에 윤치호 같은 조선의 친일파 유지들도 자신의 재산을 일본에 바쳤고, "미국은 인류의 흡혈귀이며 일본은 반드시 미국을 이길 것이다!" 하는 연설까지 하면서 일본에 충성했다.

그런데 일본제국이 망하고 연합국에 항복을 했을 때, 일본은 이제 친일파들이 필요가 없다고 판단하여 조선에서 철수하면서 일본인만 데려갔다. 앞에서 열거한 거물급 친일파들은 단 한 명도 데려가지 않고 조선에 방치해버렸다. 너무나 비정한 토사구팽이었다.

이런 식의 토사구팽은 해방 이전에도 있었으니, 일본의 침탈에 적극 협조한 친일 단체인 일진회는 막상 일본이 조선을 집어삼키자마자 그 일본에 의해 "일진회는 더 이상 쓸모가 없으니 강제 해산하라"라는 철퇴를 맞고 해체되었다. 믿었던 일본에게 뒤통수를 맞은 일진회 회원들은 "우리가 일본에게 속았다!" 하고 대성통곡했다고 전한다.

일진회 회원들처럼 친일파들은 일본이 패망하고 자신들을 조선 땅에 내버려둔 채 일본 본토로 철수했다는 사실을 듣고 집에 틀어박혀 몇 날 며칠을 구슬피 울었다고 한다. 자신들이 최소한 200년은 갈 것이라고 믿었던 일본이 하루아침에 망했다는 사실이 너무나 허무하고, 그렇게 열렬히 충성했지만 막상 일본으로부터 버림받았다는 배신감도 들었을 것이다. 그들은 일본인도 아니면서 일본인이 되고 싶어서 일본인인 척 행세를 했다. 하지만 사실은 일본인으로 인정받지 못한 '가짜 일본인'에 불과했을 뿐이었다.

일제강점기 내내 일본은 내선일체(일본과 조선은 하나)를 외쳐왔지만 그것은 공허한 선전 문구에 불과했고, 막상 일본은 친일파들을 동족으로 보지 않았으며 이방인인 조선인으로 치부한 것이다. 최근까지도 일본에서 살인이나 성폭행 같은 범죄가 발생하면, 일

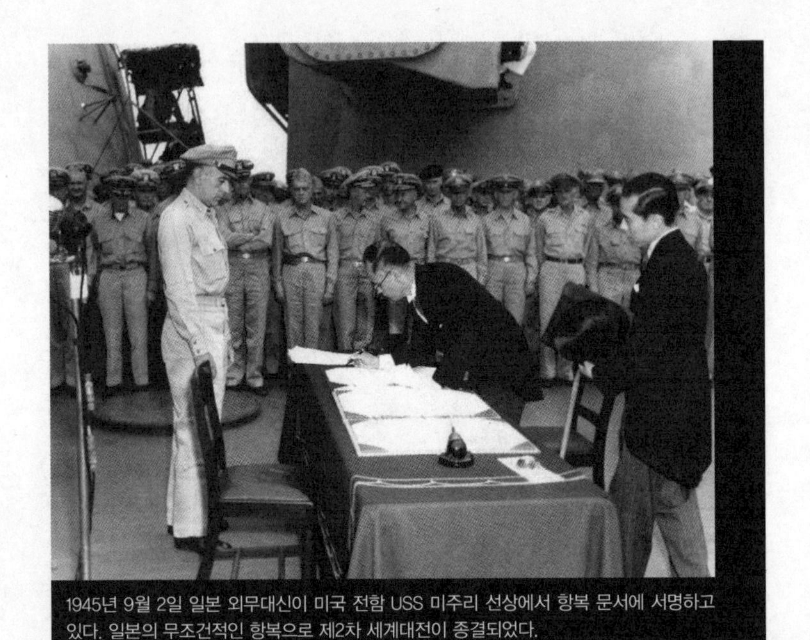

1945년 9월 2일 일본 외무대신이 미국 전함 USS 미주리 선상에서 항복 문서에 서명하고 있다. 일본의 무조건적인 항복으로 제2차 세계대전이 종결되었다.

본인들은 "이건 일본인이 아니라 재일(재일조선인의 줄임말)이 저지른 짓이다!" 하고 몰아간다.

정도의 차이만 있을 뿐, 모든 사대파의 본질은 같다. 그들은 동족에게 미움을 받고, 지배자에게서도 인정을 받지 못한다. 프랑스에 충성하던 알제리인들은 알제리가 독립하자 프랑스인에게 버림받았고, 베트남 전쟁 때 미국에 협조하던 베트남 스파이들은 막상 전쟁이 끝나자 미국에게 버림받았다. 그리고 본토에 남겨진 그들은 동족들로부터 "외세에 빌붙은 매국노들!"이라고 미움을 받으며 처형당하거나 감옥에 갇혀 쓸쓸히 죽어갔다. 이것이 사대파들이 가진 비극적인 숙명이다.

오늘날 한국은 전 세계를 통틀어 미국에 가장 충성스러운 동맹국이다. 그러나 막상 미국은 한국을 옛 전범국인 일본보다 더 낮게 여기고 있다. 심지어 한국이 미국의 요구대로 막대한 경제적 손실을 무릅쓰고 사드를 배치하고 일본과 위안부 졸속 합의까지 해주었는데도 "삼성과 현대 같은 한국 기업들이 수천 명의 미국인을 실업자로 만들고 있으니, 결코 이를 보고만 있지 않겠다. 아울러 한국산 제품에 더 높은 관세를 부과하겠다"면서 한국을 한층 압박하고 있다. 이런 미국의 횡포에 한국 정부의 수뇌부들은 그저 꿀먹은 벙어리일 뿐이다. 과거 놋쇠 요강과 개가죽까지 일본에 바쳤지만, 종주국인 일본의 패망을 막지 못하고 그들로부터 버림받은 친일파들의 무능력과 어리석음을 현대 한국의 친미파 기득권층이 다시 되풀이하지 않을지, 우려가 들 뿐이다. 잘못된 선택에는 책임이 따른다. 그것이 역사의 교훈이다.

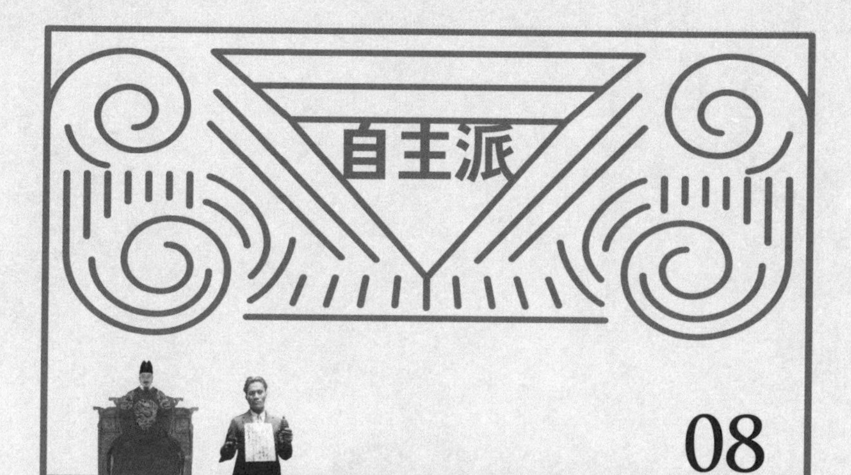

08

우리말전용 VS 영어공용화

영어공용화가 필요한가? 불필요한가?

08

지금은 잠잠하지만 불과 2008년까지만 해도 한국 사회는 영어를 공용어로 지정할 것인지를 놓고 치열한 논쟁을 벌였다. 영어공용화에 찬성하는 사람들은 '글로벌 스탠더드'나 세계화를 부르짖었다. 영어를 공용화해야 미국의 우수한 선진문물을 제대로 받아들일 수 있으며 그래야 선진국이 된다는 논리였다. 반면 영어공용화에 반대하는 사람들은 언어 구조상 영어공용화 자체가 우리 사회에서 실현될 수 없는 망상이고, 영어권 국가의 식민 지배를 받은 것도 아닌 마당에 구태여 영어를 공용어로 지정할 필요가 없는데다가, 장차 미국이 쇠퇴하고 중국이 강해지면 그때 가서도 영어공용화를 해야 하겠느냐며 반박했다.

그러자 영어공용화에 찬성하는 사람들은 반대편에 선 사람들을 세계화와 글로벌 스탠더드를 거부하는 어리석은 폐쇄주의자로 몰아붙였다. 이에 대해 영어공용화에 반대하는 사람들은 찬성론자들이야말로 미국을 맹종하는 사대주의자라며 반박했다. 유력한 정치인과 지식인과 언론인들이 대거 참가한 이 논쟁은 한국 사회를 극심한 대립 양상으로 몰고 갔다. 그런 와중에 자녀들을 영어권 국가로 이민 보내놓고 한국에 홀로 남아 외로움을 견디며 뒷바라지하는 아버지를 가리키는 '기러기 아빠'라는 신조어까지 나올 만큼, 한국 사회는 영어공용화 문제로 인한 몸살을 심하게 앓았다.

1997년 IMF 사태가 불러온 뜻밖의 여파

1997년 11월 IMF 구제 금융 사태가 벌어지기 전까지 한국은 일본에 가까운 사회였다. 한국은 IMF 사태 이전까지 일본처럼 한번 회사에 들어가면 나이가 들어 은퇴할 때까지 계속 고용이 보장되는 '평생 취업'을 원칙으로 했으며, 비정규직 없이 모두가 정규직으로 안정적 직장 생활을 할 수 있었다. 또한 회사가 망하는 비상사태가 아닌 한, 어지간해서는 정리해고나 구조조정 같은 대량 실직도 거의 발생하지 않았다. 특히 한국 경제가 고도의 성장기를 달리던 1980년대에는 대학교를 졸업한 사람들은 이력서를 보내거나 하는 구직 활동을 일부러 하지 않아도 각 회사에서 알아서 모셔갈 정도로 취업이 잘되었다.

여담이지만 지금 아베 신조 같은 극우파가 일본을 지배해도 일본인들이 별다른 불만이나 저항이 없는 이유는 일본은 상대적으로 고용이 안정적인 사회이기 때문이다.

하지만 한국은 1997년 IMF 사태가 발생하면서 일본형 사회에서 미국형 사회로 급속하게 바뀌었다. 우선 미국처럼 구조조정이나 정리해고가 일상화되었고 일본식 평생 고용이라는 개념이 사라졌다. 일본처럼 장기 고용이 보장되는 정규직 대신, 미국처럼 단기간의 계약과 정규직보다 더 낮은 임금을 받는 불안한 일자리인 비정규직이 대거 들어섰다. 비정규직은 아무리 열심히 일을 해도 계약 기간이 끝나면 대부분 해고되어 실업자가 되기 때문에 그만큼 불안정한 일자리였다. IMF 사태 이후, 한국에는 일을 해도 가난에서 벗어날 수 없는 새로운 빈곤층인 '워킹푸어'가 급속히 늘어났다. 언론에서는 "열심히 노력하면 누구나 성공을 할 수 있다!"라고 선전을 했지만, 한국 사회는 2013년에 들어서 그런 노력을 하라는 소리조차 '노오력'이나 '노력충' 같은 신조어를 만들어 비웃을 만큼

第23690號 (1920년 3월 5일 창간) 서기 1997年 11月 22日 土曜日

朝鮮日報

IMF구제금융 공식 요청

林부총리, 어젯밤 긴급회견

"200억달러 수준 될것"

이르면 내달중 지원시작

내달초 4者본회담 열릴듯

오늘새벽 뉴욕서 예비회담 가져

日에 특사 파견

李承潤전부총리, 자금지원 협조 구해

金대통령, 오늘 담화

「한나라당」 출범

환율 하락세로 반전

내일字 신문 쉽니다

사랑보험

1997년 11월 22일 《조선일보》는 IMF 구제금융 요청 사실을 머리기사로 보도했다.

신분 상승에 실패한 빈곤층이 두터워졌다.

IMF 사태가 불러온 파장은 단순히 경제적인 면에만 국한되지 않았다. 잇따라 기업들이 망하면서 자그마치 400만 명이 직장을 잃고 거리로 몰려 실업자나 노숙자가 되었으며, 2만 명이 가난에 못 이겨 가족이나 생판 전혀 모르는 사람들과 함께 동반 자살을 하는 비극이 꼬리를 물면서 한국 사회는 정신적으로 큰 충격을 받았다. 경제 파탄을 불러온 책임은 전적으로 기존 한국 사회의 뒤떨어진 체제와 문물 때문이라는 자국 혐오적 감정이 높아졌다. 그와 반비례하여 미국식 제도나 문물은 무조건 옳으니 따라해야 한다는 사대주의적 감정이 사회 전반에 팽배했다. 그래서 영어공용화 같은 논쟁이 등장했다.

한국이 미국이나 영국 같은 영어권 나라처럼 영어를 일상 언어로 지정하고 사용해야 한다는 영어공용화가 본격화된 시기도 바로 IMF 사태 직후였다. 군사 독재나 권위주의 같은 한국의 사회 체제를 증오하고 미국을 최고의 선진국이라며 숭배하는 성향을 가진 지식인과 언론인들이 나서서 영어공용화를 강하게 주장한 것이다.

"한국어나 한글 따위는 전 세계를 통틀어 한국에서밖에 쓰지 않는 낡고 후진적인 문화에 불과하다. 이런 것들은 도대체 무엇 때문에 쓰는가? 한국어나 한글은 배워봤자 외국에 나가면 죄다 쓸모가 없는 먹통에 불과하다. 반면 영어를 보라. 미국과 유럽은 물론이고 전 세계 어디를 가나 영어를 안 쓰는 곳이 없다. 영어만 익히면 인류 전체와 의사소통이 가능하다는 말이다. 그러니 이제 한국이 경제 위기를 극복하고 선진국이 되기 위해서는 미국처럼 온 국민들이 영어를 공용어로 사용해야 한다. 아무래도 온 국민이 미국인 처럼 영어를 잘해야 그들과 의사소통이 쉽고, 그들을 상대로 더 많이 돈을 벌기가 쉽지 않겠는가? 이것이야말로 바로 진정한 글로벌 스탠더드에 부합하는 세계화다."

때마침 1997년 대선에서 승리하여 집권한 김대중 정부 역시 '세계화' 정책을 굳게 밀어붙였던 터라 영어공용화론의 내용을 상당 부분 국가 정책으로 수용했다. 그리하여 한국 사회는 영어교육 열풍에 휩싸였다. 이태원과 홍대입구 같은 서울의 번화가에는 잇따라 영어를 가르치는 학원이 들어서서 청소년과 대학생, 직장인들을 맞았다. 또한 IMF 사태 이전까지 한국에서 영어를 가르치던 교사는 대부분 한국인이었지만, 김대중 정부가 집권하고 나서는 미국과 영국 등 영어권 국가에서 온 외국인 강사가 크게 늘어났다. (그들 중 적지 않은 수가 제대로 된 교사 자격이 없는 사람이라는 사실이 드러나 사회문제가 되기도 했다.) 버스와 지하철 같은 대중교통 시설의 표지판에도 영어권에서 온 외국인을 위한 영어 안내문이 들어갔다. 그 밖에도 학생들이 미국과 영국, 호주 등 영어권 국가로 영어를 배우기 위해 어학연수를 떠나는 일이 일상화되었다. 또 외국으로 갈 형편이 되지 못하는 사람들을 위해 아예 국내에 영어만 쓰는 외국인들이 사는 '영어 마을'을 만들어 그곳에서 영어를 배우게 하기도 했다. 그리고 몇몇 회사나 대학교에서는 영어를 억지로라도 익히게 하려는 목적으로 아예 영어만 쓰기로 하는 일도 벌어졌다. 아울러 회사에서 정기적으로 사원들을 상대로 영어 시험을 시행해 나쁜 성적을 거두면 회사 인사에 불이익을 받거나 정리해고 대상에 오르는 일도 잦았다.

한국을 미국 같은 나라로 만들겠다고?

영어공용화 논쟁과 더불어 IMF 사태 직후부터 한국 사회에 거세게 불어닥친 담론 중 하나가 바로 탈민족주의 논쟁이었다. IMF 사태 이전까지만 해도 한국에서는 "우리 한국인은 세계사에 유래를 찾아볼 수 없는 단일민족"이라는 기술이 들어간 교과서로 학생들이 공부를 했고, 누구도 한국인이 단일민족이라는 개념을 의심하지 않았다.

그런데 IMF 사태 이후부터 불어닥친 탈민족주의 담론은 영어공용화 못지않게 한국 사회에 큰 충격을 안겨주었다. 탈민족주의를 주장한 지식인들의 발언을 종합해보면, "이제까지 믿어왔던 단일민족의 개념은 완전한 거짓이었으며 애초에 한국인은 여러 민족이 결합하여 만들어진 혼혈민족이었다. 아니, 애초에 민족이라는 집단조차 19세기에 들어서야 만들어진 거짓된 개념이다. 그러니 이제 한국은 전 세계 모든 외국인의 방문과 이주를 무제한적으로 받아들여 명실상부한 글로벌 시대를 열어야 한다!"라는 논지였다. 이는 IMF 사태 이전의 한국이라면 상상조차 할 수 없는 발언이었다.

탈민족주의 담론과 더불어 한국 사회에는 이제까지 굳건하게 여겨왔던 민족이라는 개념에 대한 전반적인 회의와 혐오감이 불어닥쳤다. "한국이 민족과 민족주의에 집착하느라 선진국의 외국 문물을 받아들이지 못해서 IMF 사태를 초래하고 경제 위기를 자초했다"라는 자학적 인식마저 생겨나 주로 젊은층 사이에 널리 퍼졌다. 심지어 김치나 된장 같은 한국의 전통 음식마저 "더럽고 미개하고 구역질나는 민족주의의 상징"이라는 오명을 쓰고 '된장녀'나 '김치녀' 같은 멸칭마저 등장했다.

이러한 영어공용화와 탈민족 담론이 유행한 진짜 목적은 그저 영어를 잘하고 외국인 관광객에게 친절하게 대해서 영어권 국가 같은 외국을 상대로 돈을 많이 벌자는 정도에서 그치는 것이 아니었다. 그것은 한국을 미국 같은 나라로 만들겠다는 한국 지배층의 숨은 의도에서 비롯된 치밀한 작업 중 하나였다.

IMF 사태 직후, 한국 정부의 정책결정자들은 해외 사례를 보겠다고 하버드 대학교 같은 미국 아이비리그, 컴퓨터 산업과 금융 산업의 중심지인 실리콘밸리와 월스트리트를 방문했다. 그리고 그들은 엄청난 충격을 받았다. 미국의 첨단 산업 현장이 주는 문화적 압박감에 정신이 마비되어버렸던 것이다.

"미국은 한국보다 몇십 년, 아니 백 년을 앞서가는 최첨단 국가로구나! 컴퓨터와 금융 같은 첨단산업 때문에 미국이 전 세계를 지배하는 것이군. 우리가 IMF 사태를 맞은 건 바로 이런 첨단산업을 살리지 못하고 낙후되어 있었기 때문이야. 그러니까 지금부터 우리도 국가 정책의 모든 면을 미국처럼 똑같이 따라 해야 선진국이 될 수 있어! 일단 미국처럼 영어를 국민이 다 일상적으로 사용하도록 영어공용화부터 실시해야겠다. 그리고 미국이 다민족 국가라서 전 세계의 인재들이 모여드니 우리도 미국처럼 탈민족주의를 해서 다민족·다문화 국가가 되어야 미국 같은 선진국으로 발전할 것이다!"

한국이 모든 분야에서 미국을 철저하게 닮아야 국가가 발전할 수 있다는 믿음은 IMF 사태 이후 13년이 지난 2010년 당시, 집권 여당이던 한나라당의 모 의원이 "대한민국을 미국 같은 나라로 만들겠다는데, 무슨 불만이 그리 많으냐?" 하고 말했던 일화에서도 드러난다. 물론 그런 생각을 가진 사람이 그 국회의원이 유일하거나 최초는 아니었을 것이다. 이미 1990년대 중반부터 한국을 미국화하려는 움직임은 정계와 재계에서 있었다. 그리고 1997년 IMF 구제 금융 사태를 계기로 한국 사회는 급격히 미국처럼 변해가기 시작했다. 기존의 종신 고용제가 무너지고 미국식 신자유주의 경제체제와 비정규직 고용체계가 그대로 도입되었다. 그래서 아무리 노력해도 신분 상승이 불가능하고 일할수록 가난에 시달리는 이른바 워킹푸어 현상도 대거 늘어났다. 좌우지간 그렇게 해서 한국을 미국화하려는 시도는 이제 거의 20년이 되어가고 있다.

자주파의 반격:
영어공용화와 미국화, 과연 타당한가?

하지만 얼마 가지 않아 한국의 민족주의적 성향을 가진 자주파들이 영어공용화 담론에 대해 반발하고 나섰다. 과연 한국인이 영어권 국가의 사람들처럼 일상에서 영어를 능숙하게 사용하는 일이 가능한지, 또 그런 일이 과연 필요한지, 아울러 한국을 미국처럼 만들겠다는 목표가 과연 옳은 것인지에 대한 의문을 제기했다.

"우리가 영국이나 미국의 식민지로 살았던 것도 아니고, 나라 안에서 쓰이는 언어가 수십 개나 되어서 공용어로 영어가 필요한 사회도 아닌데 영어공용화가 도대체 왜 필요한가? 또 한국인의 언어구조상 외국에서 태어나고 자란 사람이 아닌 다음에야 영국인이나 미국인처럼 영어를 능숙하게 사용한다는 것이 가능하기나 한가?

그리고 영어를 써야 선진국이 되어 잘살 수 있다는 주장도 동의할 수 없다. 그런 주장대로라면 영어를 공용어로 사용하는 필리핀이나 아프리카 나라들은 왜 후진국이고, 바로 우리 옆에 있는 일본은 국민들의 영어 실력이 형편없는데도 왜 선진국이란 말인가?

아울러 영어공용화론이 나온 이유는 무엇인가? 영어를 공용어로 쓰는 미국이 지금 세계 최강대국이니까, 그런 미국에 잘 보이려고 영어를 써야 잘살 수 있다는 게 영어공용화론의 요지가 아닌가? 그런 주장대로라면 만약 머지않은 미래에 미국이 몰락하고 중

1885년 영어공용화 정책을 강행하다가 죽임을 당한 일본의 모리 아리노리 문부성 장관. 그의 죽음으로 일본 정부는 무모한 영어공용화 정책을 중단하고 영어권 자료들을 일본어로 번역해서 국민에게 정확히 알려주는 사업을 추진하여 성공적인 근대화를 이끌었다.

국이 세계 최강대국이 된다면, 그때 가서는 영어가 아니라 중국어를 공용어로 쓰자고 할 텐가? 그러니 영어공용화론은 일시적인 시류에 영합한 얄팍하고 천박한 주장에 불과하다!"

비단 민족주의적 자주파가 아니더라도 영어공용화 담론을 바라보는 보통 사람들의 시각은 그리 곱지 않다. 영어공용화를 밀어붙이는 사람들이 지나치게 성급하고 무모한 태도를 보여 반발을 샀던 것이다. 부모가 자녀들의 영어 발음을 더 좋게 만들기 위해 병원에 데려가서 아이들의 혀 밑부분을 절제하기도 한다는 사실이 뉴스로 보도되자, 수많은 사람이 경악했다. 또한 한국에 와서 영어를 가르치는 외국인 강사 중 상당수가 제대로 된 어학자격증도 없이 경력을 위조해 들어온 무자격자들이며, 그들이 나이트클럽과 술집에서 한국 여성들과 난잡한 유흥을 즐긴다는 사실이 인터넷을 통해 알려지면서 한국 사회는 분노에 들끓었다. 그래서 한동안 외국인 영어 강사들은 "자기들 나라에서 거지나 건달로 굴러먹다가 가짜 대학졸업증을 들고 와서 강사인 척 굴면서 비싼 월급 받고 매일 여자들과 질펀하게 놀아나는 저질 사기꾼"이라는 차가운 눈총을 받아야 했다.

또한 "한국을 미국 같은 나라로 만들겠다"는 목표에 대한 근본적인 의구심도 제기되었다.

1. 한국이 미국처럼 국토가 넓은가? 아니다. 한국 땅은 미국의 90분의 1밖에 안 되는 아주 좁은 면적이다.

2. 한국이 미국처럼 풍요로운 자원을 가진 나라인가? 아니다. 한국은 자원이 부족해 대부분의 자원을 외국에서 수입해와야 한다.

3. 한국이 미국처럼 세계를 지배하는 패권 국가가 될 수 있는가? 그것도 아니다. 서쪽은 중국, 동쪽은 일본, 북쪽은 북한과 러시아에 막혀 있고 군사력과 경제력에서 모두 열세다. 하물며 세계에서 가장 가난한 북한을 상대로 미국이 도와주지 않으면 싸워서 진

다고 진심으로 믿는 사람들이 가득하다. 현실이 이런데 한국이 대체 무슨 수로 미국 같은 초강대국이 될 수 있다는 말인가?

4. 한국이 미국처럼 이민자들로 시작된 역사가 짧은 나라인가? 아니다. 한국은 미국보다 거의 10배나 긴 오랜 역사와 문화를 가진 나라다.

이렇듯 한국은 그 근본부터가 미국과 전혀 다른 나라다. 도대체 어떻게 해서 미국 같은 나라로 만들겠다는 것인지 정말 모를 일이다.

무엇보다도 과연 미국이 우리가 따라가야 할 모범인지도 의문이다. 20세기부터 지금까지 1세기 동안 미국은 전 세계에서 가장 많은 전쟁을 벌인 나라다. 지금도 전 세계 곳곳에 1000개의 군사기지를 운영하고 수많은 미군을 주둔시키고 있으며, 그로 인해 매년 거의 1000조 원에 달하는 막대한 군사비를 지출하느라 엄청난 재정 적자에 시달리고 있다. 뿐만 아니라 군수와 금융 등 몇몇 산업을 제외하면 제조업이 거의 붕괴된 상태라 수많은 실업자로 몸살을 앓고 있으며, 소위 선진국이라 불리는 나라 중 가장 빈부격차가 크며 전체 국민의 약 6분의 1인 5000만 명이 절대 빈곤에 시달리고 있다. 게다가 의료비가 지나치게 비싸 돈이 없어서 제대로 치료받지 못하는 사람이 부지기수다. 이런 미국을 과연 우리의 모범이라고 따라가야 하는지도 회의적이다.

하지만 한국을 미국처럼 만들겠다는 한국 정부 요인들의 결심은 변하지 않았다. 그들은 IMF 사태로 인한 정신적 충격과 미국을 견학하고 나서 받은 문화적 충격에 사로잡혀, 무슨 일이 있더라도 한국의 미국화 작업을 밀어붙여야 한다고 굳게 믿고 있었다. 그것이 절대적으로 옳은 일이고 필요한 일이라고 믿었던 것이다.

2010년대 이후로 시들해진 영어공용화 논쟁, 왜일까?

영어를 공용어로 지정해야 한다는 사대파와 그럴 필요가 없다는 자주파 간의 뜨거운 논쟁은 IMF 사태가 일어난 1997년부터 이명박 정부가 출범한 2008년까지 계속되면서 한국 사회를 치열한 대립으로 몰고 갔다. 보수적인 지식인들은 영어공용화가 선진국으로의 도약을 보장해주는 길이라며 강력히 찬성했고, 반면 진보적인 지식인들은 영어공용화가 미국의 정신적 노예가 되는 사대주의의 극치라며 반대했다.

그러나 10년 넘게 첨예한 논쟁거리였던 영어공용화 담론은

서브프라임 모기지 사태로 저축을 철회하기 위해 은행에 줄을 서서 대기 중인 사람들

2010년 이후부터 시들해지더니, 어느 순간부터 사람들의 관심에서 멀어져버렸다. 영어공용화 담론을 집중적으로 보도하던 언론들이 2010년 이후부터 갑자기 영어공용화 문제를 소홀하게 다루거나 보도를 하지 않아 사람들이 더 이상 관심을 주지 않고 잊어버린 것이다.

한국 사회를 뜨겁게 달군 영어공용화 담론이 왜 돌연 사람들의 관심에서 사라져버렸을까? 이유는 간단했다. 2010년대 들어서 한국 경제를 둘러싼 흐름이 바뀌었기 때문이다. 2008년에 미국은 서브프라임 모기지 사태라 불리는 금융 위기를 겪고 경제에 큰 타격을 입은 반면, 중국은 급속한 경제성장을 바탕으로 일본을 제치고 미국 다음가는 세계 2위의 경제 대국으로 떠올랐다. 그러자 한국의 주요 무역 대상국도 미국에서 중국으로 변하게 되었다.

한국 경제가 중국에 얼마나 의존하는지를 보여주는 자료를 몇 가지 살펴보겠다. 우선 2014년 한국무역협회 무역통계에 의하면 한국의 최대 무역 흑자국은 552억 달러를 기록한 중국이었고, 그 다음은 255억 달러를 기록한 홍콩이었으며, 미국은 250억 달러를 기록해 3위에 그쳤다. 중국과 홍콩을 합치면 807억 달러로 미국의 250억 달러보다 무려 3배나 높다. 이 수치는 이제 한국 경제를 떠받치는 생명줄인 대외 무역 흑자의 대부분이 미국이 아니라 중국에서 온다는 사실을 증명하고 있다. 한국인은 중국인을 가리켜 미개하고 더럽다고 비웃기 좋아하지만, 막상 중국인이 한국 물건을 사주지 않는다면 한국은 돈을 벌 수 없는 구조인 것이다.

또한 2015년 한국의 수출 대상국에서 중국은 1371억 달러로 1위를, 미국은 698억 달러로 2위를, 홍콩은 304억 달러로 3위를 기록했다. 아울러 같은 해에 한국의 수출 대상국 1위와 수입 대상국 1위 모두 중국이었다. 2015년 한국을 찾은 외국인 관광객 중에서도 중국인은 598만 명으로 1위를, 일본인은 184만 명으로 2위를, 미국인은 고작 77만 명으로 3위에 그쳤다. 일본인과 미국인 관광객을 합쳐봐야 중국인 관광객의 절반에도 미치지 못하는데, 이는 한국 관광업계의 핵심 단골이 중국이라는 사실을 보여준다.

이처럼 중국 경제가 급성장하고 그에 따라 한국 경제가 미국보다 중국에 더 의존하게 되면서, 자연히 영어의 중요성은 줄어들고 대신 중국어의 중요성이 커질 수밖에 없었다. 그래서 2010년부터 한국의 주택가에는 영어 학원이 아니라 중국어 학원의 개설을 알리는 전단지가 나돌기 시작했다. 거리에도 아이들을 대상으로 중국어를 가르치고 그 대가로 해외여행까지 보내준다는 광고판이 들어섰다. 이제 중국어가 영어를 밀어내며 그 자리를 대신 차지하려는 것처럼 보인다.

생각해보면 당연한 일이다. 인구 13억에 한국의 대외 무역 상대국 1위를 차지하며 더구나 한국과 바로 코앞에 있는 나라인 중국과 친하게 지내는 것, 그리고 인구 3억에 한국의 대외 무역 상대국 3위에 머물며 한국과 멀리 떨어진 나라인 미국과 친하게 지내는 것. 어느 쪽이 한국에 더 이익이 되겠는가?

여담이지만 미국에 한류(한국의 문화 상품들) 열풍이 분다는 한국 언론의 보도는 지나친 과장에 불과하다. 한국인은 미국을 가리켜

'혈맹' '천조국'天助國(하늘이 돕는 나라라는 뜻의 인터넷 신조어)이라 부르며 우상화하지만, 정작 미국인 절대 다수는 한국에 대해 알지도 못하고 관심도 없다. 오히려 한류가 제대로 살아 있는 나라는 미국이 아니라 중국이다. 중국에서는 〈별에서 온 그대〉 〈태양의 후예〉 〈도깨비〉 같은 한국 드라마가 엄청난 인기를 끌었다. 그 여파로 수백만 명의 중국인이 한국을 방문해 치킨과 맥주를 즐기는 파티를 열었다. 하지만 미국에서 한국 드라마가 인기리에 방영되어 수백만 명의 미국인이 한국으로 몰려오는 현상은 일어나지 않는다.

이런 말을 하면 "중국인 관광객들은 지저분하고 시끄럽고 돈도 안 쓰고, 한국인들을 상대로 범죄와 민폐를 마구 끼치니 전혀 도움이 안 된다. 차라리 그들이 안 오는 편이 낫다." 하고 신경질적인 반응을 낼 사람들도 있다. 그러나 중국인을 바라보는 한국인의 시각은 지나치게 인종주의적 우월감에 젖어 있다. 한국 정부가 바보거나 한국 대학들이 멍청해서 중국인 관광객과 중국인 유학생을 받아들여 내수를 해결하려고 하는 것일까? 그만큼 중국인 관광객이 돈을 써주고 그것이 한국 내수 경제에 도움이 되니까 추진해온 것이 아니겠는가. 그리고 위에서 열거한 중국인 관광객에 대한 악평은 해외, 특히 일본에서 한국인 관광객을 대상으로 그대로 쓰인다. 만약 일본에서 "한국인 관광객은 지저분하고 시끄럽고 돈도 안

쓰고, 일본인을 상대로 범죄와 민폐를 마구 끼치니 전혀 도움이 되지 않는다. 차라리 그들이 안 오는 것이 낫다"면서 한국인 관광객을 오지 못하게 금지한다면 쉽게 수긍할 수 있겠는가?

전 세계에서 한국 물건을 가장 많이 사고 한국으로 가장 많이 방문하는 중국인을 상대로 한국인이 보이는 혐오와 멸시는 도저히 이해할 수 없는 불가사의한 일이다.

한국 경제에 중국이 끼치는 영향은 가히 절대적이다. 불과 20년 전까지 진지하게 논의되던 영어공용화 담론을 말끔히 지워버릴 만큼 이미 중국의 힘은 우리 생활 속에 강력하게 자리 잡았다.

만약 머지않은 미래에 미국이 20조 달러라는 막대한 부채에 짓눌려 몰락하기 시작하고 중국이 미국을 대신하여 명실상부한 세계 최강대국의 반열에 오른다면, 그때 가서 영어공용화를 해야 선진국이 된다고 외쳤던 정부 요인과 지식인들은 어떻게 반응할 것인가? 그때도 지는 나라인 미국의 언어와 미국식 제도를 계속 따라가야 한다고 주장할까? 아니면 새로운 초강대국인 중국을 따라서 중국어를 한국의 공용어로 삼고 서구식 민주주의 제도 대신에 중국식 일당 독재 체제를 도입해야 한다고 주장할까? 세상을 보는 눈이 살아 있다면 중국을 배우려 할 것이고, 죽어버린 옛 우상에 빠진 광신도처럼 눈이 어둡다면 미국을 따르려 할 것이다.

그런 면에서 한국의 영어공용화 논쟁은 일시적인 시류에 영합하려는 사대파들의 천박함이 드러난 사례였다. 물론 영어공용화 논쟁처럼 국한혼용과 중국어공용화론이 한국 사회 전반을 뒤흔드는 논쟁거리로 떠오를 수도 있다. 이처럼 사대주의는 결코 사라지지 않을 것이고 의존하고자 하는 대상이 변할 뿐이다. 그러므로 우리의 선택은 시류에 영합하지 않고 스스로의 힘으로 운명을 개척해나가는 것이어야 하지 않을까?

09

기독교 VS 반反기독교

누가 주인인가? 누가 손님인가?

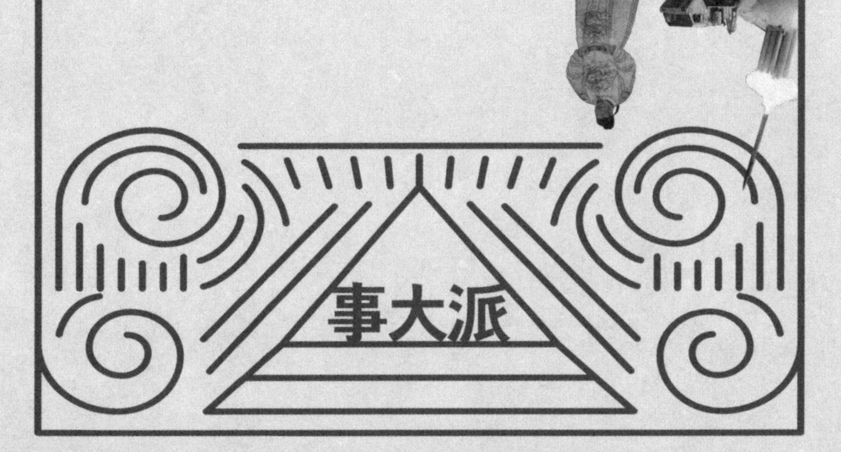

09

2014년 6월 25일 무렵, 국내에 큰 소동이 일어났다. 독실한 기독교 신앙을 지닌 상류층 인사들의 발언이 국민들 사이에서 엄청난 반발을 불러일으켰던 것이다.

두 가지 경우만 거론하자면, 국무총리 후보로 지명되었던 모 인사는 자기가 다니는 교회에서 "우리 민족의 게으름 때문에 야훼가 천벌을 내려서 일제에게 합병을 당했는데, 그런 일본이 한국과 가까이 있는 것은 지정학적인 축복이다"라는 강연을 했다. 또한 독실한 기독교도로 알려진 모 대기업 관계자는 "일본이 나빴던 것이 아니라 우리가 나빴다. 한국 땅에 태어난 것도 하나님의 이유가 있으셨다. 이렇게 남북한을 가르쳐서 저희를 겸손하게 하신 것도 이유가 있으시다"라는 발언으로 큰 파문을 일으켰다.

처음부터 자국 혐오와 사대주의 성향을 띤 기독교

그런데 파문의 당사자들과 그들이 속한 기독교교회의 반응이 심상치 않았다. 그들은 "우리의 발언이 잘못되었으니 용서해달라"라고 한 게 아니라, "우리 말을 반대 세력이 멋대로 왜곡했다. 본의가 아니었다"라는 식으로 자신들의 말에 아무런 잘못이 없다고 나선 것이다. 심지어 "그 정도 발언이야 교회 안에서 얼마든지 할 수 있지 않느냐? 뭐가 문제냐?" 하는 반응까지 보였다.

그러한 태도로 인해, 인터넷상에서는 발언의 주인공에 대해서 자국 비하와 사대주의에 사로잡혔다는 내용의 비판이 들끓었다. 아울러 당사자가 몸담고 있는 종교인 기독교에 대한 반발 여론도 거세졌다. 기독교계가 당사자들을 비판하기보다는 교회 안에서 한 일이니 외부에서 문제 삼지 말라는 식으로 감싸주려고 했기 때문이다. 일부에서는 이를 두고 기독교가 한국의 국교도 아니고 특권층도 아닌데 지나치게 오만하다는 지적을 하기도 했다. '교회 안에서 무슨 말을 하던지 외부에서 문제 삼지 말라'는 태도는 기독교가 외부 다른 체제보다 더 우월하다는 태도를 드러냈다고도 볼 수 있다. 한국 기독교인도 엄연히 한국이라는 국가에 속해 있는 한국 국민이다.

하지만 다른 시각에서 본다면 문제의 발언을 한 당사자나 그들을 감싸준 교회들이 자국 비하와 사대주의, 기독교 우월주의에 사로잡혀 있다는 주장이 충분히 설득력을 얻는다. 사실 한국의 대다수 근본주의 기독교계 인사가 가진 시각도 저들과 별반 다르지 않기 때문이다.

그렇다면 한국 기독교가 지닌 자국 비하적인 시각과 미국과 일본 등 외세를 추종하는 사대주의 및 기독교 우월주의를 갖게 된 배경은 어디에 있을까? 이는 한국 기독교가 지나온 역사에서 유래되었다.

가톨릭의 전래과정

처음 기독교가 한국에 들어온 시기는 언제였을까? 문헌 기록으로 확인된 기독교의 출현 시기는 17세기 중엽, 청나라에 볼모로 끌려간 소현세자가 중국에서 가톨릭 선교사들과 만난 때였다. 소현세자는 선교사가 소개한 서양의 문물에 호기심을 느꼈고, 조선으로 돌아오면서 가톨릭과 지구본 등 서구의 낯선 문물을 가져와서 소개했으나, 아버지인 인조를 포함한 조선의 지배층은 전혀 관심을 보이지 않았다.

소현세자의 죽음 이후, 조선은 청나라와 계속 사신을 보내 교류를 했는데 그 과정에서 조선의 선비들이 중국에 전래된 가톨릭을 접하게 되었다. 조선에서는 가톨릭을 '서학'이라 불렀다. 처음에 가톨릭을 종교가 아니라 학문의 하나로 여겼던 것이다.

그러다 18세기 말에 이르자 조선에도 한자로 번역된 성경이 유

유학자이면서 기독교 신자가 되었던 정약용. 후원자인 정조 임금이 천주교를 배척하자 그는 곧바로 기독교 신앙을 버렸다.

포되었고, 한자 지식이 있는 선비들 사이에서 성경과 함께 가톨릭 신앙이 퍼져나갔다. 정조 시대의 유명한 학자인 정약용과 안동 김씨의 후손인 김건순도 가톨릭 신자가 되었을 정도였다.

조선의 지식인들은 왜 가톨릭에 귀의했을까? 지금까지 이 현상을 두고 일반적인 통설에 따르면, "신분의 높고 낮음에 차이가 없이 모든 사람이 평등하다!"라는 가르침에 감명을 받아 새로운 사회가 오기를 꿈꾸며 가톨릭에 귀의했다고 본다.

그러나 이런 통념적 해석에는 의문의 여지가 있다. 만민 평등이라는 교리는 가톨릭에만 있는 것이 아니라 불교에도 있다. 불교에서도 "왕이든 천민이든 모든 사람은 저마다 부처의 성품을 지니고 있으며, 이것을 깨우치면 누구나 부처가 되어 고통스러운 사바세계에서 벗어나 최고의 경지인 해탈에 이르게 된다"라고 가르친다. 게다가 불교는 가톨릭보다 무려 1200년이나 앞서서 이 땅에 들어와 있었다. 다시 말해서 조선의 지식인에게 "모든 사람이 평등하다"라는 교리는 전혀 새로울 것이 없다. 그러니 그것 때문에 가톨릭에 귀의했다는 것은 설득력이 없는 해석이다.

그렇다면 도대체 어떤 이유로 조선의 지식인들이 가톨릭을 신앙하게 된 것일까? 여기에는 그리 잘 알려지지 않았지만 짐작해볼 만한 대목이 하나 있다. 가톨릭 교리 그 자체보다도 가톨릭을 믿는 서양 국가들의 막강한 군사력에 마음이 끌렸던 것이 아닐까?

명문가 자손이면서 가톨릭 신자가 된 김건순은 "나한테 곤여전도가 있고 그중에 구라파(유럽)라는 나라가 있다. 그 나라의 배는 3층짜리이며, 그 안에 군량 1000석, 총으로 무장한 병사 300명을 싣기도 한다. 만일 이런 배가 있다면 섬을 거쳐 중국으로 가서 북벌을 단행해 병자년의 수치를 씻을 수 있다"(《추안급국안》, 〈죄인강이천등추안〉에서 발췌)라고 말한 적이 있다.

가톨릭 신자인 유관검도 "서양 배에는 총구가 많은 대포가 있어 이를 쏘면 누구나 두려워서 굴복하고야 만다. 더구나 서양 배에는 보물도 많아서, 조선에 천주교 회당도 많이 지을 수 있다"(《사학징의》 1권, 〈이우집공초〉에서 발췌)라며 김건순과 비슷한 주장을 펼쳤다.

1801년에 가톨릭 신자인 황사영은 탄압을 받던 조선의 가톨릭 교도를 구해달라는 내용의 백서를 프랑스에 보내 물의를 일으켰다. 백서에는 "조선은 오랫동안 전쟁을 하지 않아 군사력이 매우 약하다. 따라서 100척의 서양 배에 대포를 갖춘 수만 명의 군대를 싣고 오면 조선은 쉽게 프랑스에 굴복하고 만다"라는 내용이 담겨 있다.

이때부터 가톨릭와 개신교를 포함한 기독교에 귀의한 조선인들은 심각한 문제적 성향을 띄게 되었다. 바로 '자국 혐오'와 '서구 숭배'였다. 이런 성향은 기독교에 대한 믿음이 강해질수록 더욱 짙어졌다. 위에서 언급한 황사영만 해도 자신이 쓴 백서에 프랑스가 군대를 보내 조선을 점령하고 프랑스 영토의 일부로 삼으라는 내용을 적었다. 당시의 기준으로나 오늘날의 시각에서 보더라도 이는 영락없는 매국노이자 반역자의 말이다. 그래서 황사영 백서를 알게 된 조선 조정은 큰 충격을 받았으며, 가톨릭 신도들을 서양과 결탁해서 나라를 팔아먹으려는 매국노로 간주하여 더욱 가혹하게 탄압했다.

하지만 이러한 문제는 비단 황사영뿐만이 아니었다. 오늘날도 보수적 기독교 신앙을 지닌 이들은 미국과 유럽 등 서구를 "신의 축복을 받는 나라"라고 일방적으로 치켜세우는 반면, 조국인 한국을 가리켜 "게으르고 미개해서 일제의 식민지가 되었으니, 신의 뜻이다!" 하고 모욕하는 말까지 종종 하곤 한다. 이런 점에서 볼 때, 기독교가 서구의 정신적 제국주의 침략 수단이라는 일각의 주장은 그리 틀리지 않다. 기독교를 믿게 되면서 서구 제국주의의 침략을 긍정적으로 받아들일 수도 있으니 말이다.

가톨릭의 총본산인 로마 교황청이 조상에 대한 제사가 우상 숭배라며 금지하자, 양반 계층은 분노와 환멸을 느끼고 가톨릭에서 대거 빠져나갔다. 효를 가장 큰 도덕의 근본으로 보는 유교 문화에 젖은 양반들에게 조상을 기리는 제사를 못 지내게 하는 것은 곧 가장 큰 죄악이자 패륜이었기 때문이다. 여기에 황사영 백서 사건이 알려지면서 조선의 양반들은 가톨릭이 조선을 강탈하려는 사악한 서양인의 앞잡이라 하여, 더더욱 멀리하게 되었다. 그리하여 19세기 중엽이 되면 조선의 가톨릭 신자 중엔 양반 계층이 거의 없고, 유교 문화의 속박을 덜 받았던 양민과 천민들이 차지하게 되었다. 그러나 그들은 사회적인 영향력이 별로 없었기 때문에, 조선의 가톨릭은 교세가 매우 미약해졌다.

이렇듯 가톨릭은 개신교보다 먼저 조선에 들어왔으나 사회에 큰 영향을 끼치지는 못했다. 가톨릭이 들어왔을 때, 조선의 체제가 아직 정상적인 기능을 하고 있었기 때문에 가톨릭의 교세는 그리 널리 확장되지 못했다. 무엇보다 조선 왕조의 지속적인 탄압을 받아 힘을 펴기 어려웠다. 또한 가톨릭 신자는 그 수가 적었고, 조선의 지배층은 천주교를 완강하게 거부했다. 아울러 결정적으로 조선 시대 가톨릭 신자 대부분은 사회적으로 힘이 없고 가난한 사람들이었기에 그 외 조선인에게는 가톨릭 자체가 그리 매력적으로 다가오지 못했다.

그리고 1860년 프랑스가 중국을 상대로 아편전쟁을 일으키고 곧이어 6년 후 병인양요를 일으켜 조선을 침공하면서, 조선에서는 가톨릭에 대한 인식이 더욱 나빠졌다. 가톨릭을 신봉하는 나라인 프랑스가 중국과 조선에 쳐들어가 살인과 약탈을 일삼았으니, 가톨릭은 자연히 침략자인 프랑스의 종교라는 이미지가 덧씌워질 수밖에 없었다. 그런 이유로 아편전쟁과 병인양요를 거치면서 조선의 가톨릭 신자들은 조정으로부터 가혹한 박해에 시달려야 했다.

개신교의 나라인 미국은 1871년 신미양요를 일으켜 조선을 침략했다. 하지만 미국 개신교는 조선에 근대식 대학교와 병원 등을 지어주며 새로운 문물을 전해준 공헌도 있었다. 이에 반해 가톨릭

프랑스 군대가 조선에 침입한 병인양요를 묘사한 그림. 이 사건으로 조선에서 천주교 박해는 더욱 심해졌다.

국가인 프랑스는 그런 혜택조차 조선에 전해주지 않았다.

더욱이 가톨릭에 대한 금지가 풀린 이후인 1881년, 조선에 파견된 프랑스인 뮈텔 주교는 "프랑스 가톨릭이 나서서 조선에 대학교를 세워 달라"라고 요구한 안중근과의 면담에서 "한국인이 학문을 익히게 되면 종교를 배우는 데 소홀하게 될 테니, 대학교를 세워달라는 말은 두 번 다시 하지 말라!"고 냉담하게 거절했다. 한국인은 현대식 학문을 배워 지혜로워지면 안 되고, 그저 맹목적으로 가톨릭을 믿어야 한다는 식의 인종차별적 발언을 했던 것이다.

여기에 뮈텔 주교는 안중근이 이토 히로부미를 암살하자, "살인자는 가톨릭 신자의 자격이 없다!"면서 안중근을 파문했다. 그리고 안중근의 사촌인 안명근이 데라우치 조선 총독을 암살하려 하자, 뮈텔 주교는 이 사실을 총독부에 밀고하여 막대한 포상을 받기도 했다. 다시 말해 조선 가톨릭을 대표하는 인물이 노골적인 친일 행각을 벌이며 일제에 빌붙어 조선의 독립을 탄압했던 것이다. 이는 뮈텔의 나라인 프랑스가 일본과 내내 우호적인 동맹국이었기 때문에, 프랑스에서 온 뮈텔도 자연히 조국의 외교 방침을 따른 것이었다. 또한 조선의 가톨릭은 후에 일제가 명령하는 신사참배에도 개신교보다 더 앞장서서 찬성하고 따랐다.

가톨릭은 이렇게 한국의 민족정기를 흐리는 여러 잘못으로 수

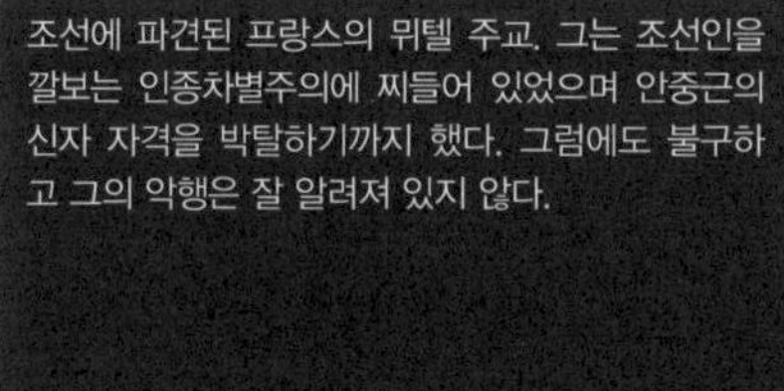

조선에 파견된 프랑스의 뮈텔 주교. 그는 조선인을 깔보는 인종차별주의에 찌들어 있었으며 안중근의 신자 자격을 박탈하기까지 했다. 그럼에도 불구하고 그의 악행은 잘 알려져 있지 않다.

많은 원성을 샀으며, 그로 인하여 한반도에서 가톨릭의 교세는 오랫동안 정체되어 있었다. 1980년대에 들어와서야 가톨릭의 진보 성향 조직인 정의구현사제단의 활동에 힘입어 2010년대까지 가톨릭 신도 수가 최대 400만 명까지 늘어날 수 있었다.

그러나 이런 현상은 가톨릭이 잘해서라기보다는 개신교가 너무나 추악하게 부패하고 타락해가자, 개신교에 환멸과 염증을 느낀 사람들이 상대적으로 개신교와 비슷하면서도 더 깨끗해보이는 가톨릭 쪽으로 몰려갔다고 볼 수 있다. 하지만 지난 역사를 돌이켜보면, 가톨릭이 과연 깨끗하기만 할지? 만약 가톨릭이 개신교와 똑같이 타락의 길을 걷는다면 한국인은 주저 없이 등을 돌릴 것이다.

개신교의 전래과정

이제 한국에 개신교가 들어온 것에 대해 이야기할 차례다. 개신교는 가톨릭보다 다소 늦게 들어온 후발주자이기는 하지만, 그 세력에서 가톨릭을 압도하여 현재까지 한국 기독교의 주류를 이루고 있다. 무엇이 개신교로 하여금 한국에서 막강한 영향력을 행사하도록 만들었을까?

다른 기독교 종파처럼 개신교에도 수많은 종파가 있다. 가령 영국 성공회와 독일의 루터교, 미국 내의 여러 개신교 교단이 있다. 그러나 한국에서는 미국의 개신교가 가장 널리 퍼졌으며 성공회나 루터교는 영향력이 크지 않다. 따라서 살펴보려는 개신교는 주로 미국에서 들어온 교단들이다.

조선에 미국 개신교가 들어오게 된 것은 1884년으로 북장로교 소속의 미국인 선교사인 호러스 뉴턴 알렌Horace Newton Allen (1858~1932년)이 개신교 전파를 위해 조선을 방문한 것이 시초였

제중원을 연 미국인 선교사 알렌

다. 이미 그보다 2년 전인 1882년, 조선과 미국 간에 조미수호통상조약이 체결되면서 개신교는 조선에서 자유롭게 선교할 권리를 얻었다. 천주교가 조선에 처음 온 이후부터 무수히 많은 박해를 받았던 것과 비교하면 너무나 대조적이었다.

알렌은 선교사이면서 의사이기도 했다. 그래서 1885년 조선에 서양식 병원인 제중원이 세워지자, 책임자가 되기도 했다. 같은 해인 1885년에는 제중원의 설립과 함께 미국 장로교 목사인 언더우드가 개신교 선교를 위해 조선을 방문했다. 그리고 1885년 6월 28일, 언더우드의 노력 하에 조선 최초로 미국 개신교회의 예배가 알렌의 저택에서 열렸으며, 2년 후인 1887년 9월 27일에는 조선 최초의 미국식 개신교회인 새문안교회가 언더우드에 의해 세워졌다. 이를 시작으로 미국 개신교 선교사들이 신앙 전파를 위해 조선으로 몰려오게 된다.

조선에 처음 들어온 미국인 선교사들은 뛰어난 선교 전략을 짰다. 먼저 조선인들이 목말라하던 서구식 학문을 제공하는 대학교와 병원을 설립했던 것이다. 이를 통해서 선교를 했기에, 근대 문물에 호기심을 가지고 접근해온 조선인들이 서구 학문을 배우면서 자연스레 개신교와 접촉하면서 친근감을 갖게 되었고, 그러다가 하나둘씩 개신교를 믿게 되었다. 나중에 "한국을 기독교 국가로 만들겠다!" 하고 호언장담할 만큼 독실한 개신교 신자가 된 이승만도, 원래는 불교 신자였다가 미국 선교사를 통해 서구식 학문을 배우면서 개종한 인물이었다.

미국 선교사가 세운 병원과 대학교는 아직도 한국에 남아 있는데, 세브란스 의과대학과 연희대학교 및 연세대학교가 대표적 사례다. 개신교 선교라는 목적이 있었으나, 신학문과 의술을 전해준 것은 좋은 일임에 틀림없다. 그래서 구한말, 개신교를 접한 조선의 지식인들은 "개신교야말로 나라와 백성을 위한 가장 좋은 가르침이다!" 하며 감동하기도 했다.

그러나 잊지 말아야 할 점이 있다. 많은 조선인이 개신교의 교리 그 자체에 매력을 느끼기보다는 개신교가 가져다주는 혜택, 특히 미국이라는 신흥 강대국이 개신교와 함께 조선에 들여온 새로운 문물의 혜택에 매료되어 개신교를 믿었다. 개신교 신앙을 통해 서구 문물의 편리함을 접하고 누리려 했던 것이다. 앞서 설명한 가톨릭과 서양 선박 이야기처럼, 조선인은 개신교 배후에 있는 미국이라는 서구 강대국의 존재에 매혹되어 개신교에 빠져들었다고도 볼 수 있다.

한 예로 미국 개신교와 같은 시기인 구한말, 조선에 들어 온 영국 성공회 사제들은 검소하고 엄격하게 살았다. 조선인은 그런 성공회 사제들을 존경했지만 성공회 교회로 몰려가지는 않았다. 반면 미국 개신교 선교사들은 무척 크고 화려한 서양식 저택에 살면서 조선인을 일꾼으로 부리며 사치스러운 삶을 영위했다. 조선인은 그런 미국 선교사들이 운영하는 개신교 교회로 몰려가서, 어떻게 해서든 그들과 친해지려 애썼다. 조선인은 기독교의 영적인 풍요보다도 기독교를 통한 물질적 풍요에 더 마음이 쏠렸던 것이다.

종말론과 신사참배, 잘못된 길을 걷는 기독교

한때 새로운 시대를 알리는 희망의 상징이었던 개신교는 얼마 가지 못해 어긋나기 시작했다. 조선 왕조 시절, 평양을 포함한 평안도 지역은 중앙에서 인재를 잘 쓰지 않는 등 소외와 차별을 받았고 그 반동으로 인해 외래 문물인 기독교를 빠른 속도로 받아들였다. 특히 평양은 '동양의 예루살렘'이라고 불릴 만큼 개신교 교세가 강했다.

그러던 와중인 1907년 평양에서 있었던 이른바 '평양 대부흥'을 기점으로 한국 개신교계에는 말세를 부르짖는 종말론이 급격히 확산되었다. 1905년 러일전쟁과 조선의 외교권이 일본에게 박탈된 을사늑약 체결로 인해 당시 조선의 정황이 매우 혼란스러웠기 때문에 기독교 신도들 사이에서 종말론이 빠르게 퍼지게 된 측면이 있다. 문제는 한번 싹튼 종말론이 줄기차게 이어졌다는 사실이다.

특히 평양 대부흥을 이끈 길선주 목사가 종말론을 부추겼다. 그는 전화와 라디오, 자동차 같은 기계의 출현이 예수가 다시 재림하여 세상의 종말이 온다는 증거라고 주장했다. 다소 황당하게 들릴 수 있지만, 1990년대나 지금도 "반도체와 TV 및 바코드는 사탄(악마)의 물건이고, 이것들로 인해서 세상의 종말이 오면 예수가 재림한다!" 하고 외치는 일부 개신교인이 여전히 있다. 아래 소개한 내용은 독실한 개신교인이자 문학가인 김성일 장로가 쓴 글에서 발췌한 것이다.

"반도체를 이용한 전자기기야말로 사탄이 발견한 최고의 무기이다. 사람이 하나님과 교통하려면 그 손을 들어 기도하며 그의 세미한 음성을 들으며 눈으로 보고 마음으로 깨달아야 하는데 사람들은 돌에 새기고 금과 은으로 입힌 반도체 때문에 손 마른 자되고, 소경되고, 귀머거리되고, 벙어리되고 앉은뱅이가 되어 있는 것이다. 예수는 눈이 있어도 보지 못하며 귀가 있어도 듣지 못하는 백성들 때문에 분노하시었고 너희가 소경되었더면 죄가 없으려니와 본다고 하니 너희 죄가 그저 있느니라고 하셨다.

이 마지막 결전의 시대에 사탄은 그의 무서운 고성능 무기를 준비하였다. 용서가 있을 수 없는 컴퓨터의 기억력으로 많은 사람들의 사랑이 식어가고 남자들은 컴퓨터와 외설 비디오에, 여자들은 TV 연속극에, 그리고 아이들은 전자 게임의 화면에 그 눈을 빼앗기고 있다. 이 세상의 어느 곳에서도 하나님의 음성이 비집고 들어

올 틈이 없게 된 것이다."

– 김성일, 〈성경과의 만남〉, 《신앙계》(1998년 1월 10일)

김성일 장로는 반도체와 TV 같은 현대 문명의 기계가 사탄이 인간을 죄짓게 하기 위해 사용하는 사악한 물건이라고 주장한다. 이는 전화와 라디오가 세상 종말의 징조라고 하던 길선주 목사의 주장과 일치한다. 세상의 편리한 도구는 인간을 신에게서 멀어지게 하려는 사악한 것이니 가까이 해서는 안 된다는 것이다.

이런 종말론은 한국 개신교 역사에 나쁜 선례를 남겼다. 도올 김용옥 교수의 말을 빌리자면, 평양 대부흥과 길선주 목사가 외친 말세론을 계기로 한국 기독교는 "세상을 회피하는 종말론적 성격"을 강하게 띠게 되었다. 그리고 이로 인하여 21세기까지 세상의 종말이 왔다고 호들갑을 떨며 사회 불안을 일으키는 개신교 목사들이 끊임없이 나타나고 있다.

종말론의 창궐은 한국의 개신교도로 하여금, 이 세상에서의 삶은 거짓이고 오직 죽어서 천국 가는 것만이 진정한 삶이라는 이원론적 가치관을 갖게 했다. 도올 김용옥 교수의 말을 빌리자면, 평양 대부흥을 시작으로 "한국 기독교 역사에는 생존의 본능과 세상을 회피하는 종말론적 성격, 그리고 친미 개화사상이 한 몸뚱이로

엉겨 붙었던 것이다."

종말론에 이어 한국 개신교를 더욱 타락의 늪으로 빠뜨린 사건이 있었으니, 바로 1910년부터 이 땅을 지배한 일제의 압박이었다. 기독교인들도 참가한 1919년 3.1 만세 운동이 일제의 무력과 외부의 무관심으로 인해 실패하자, 기독교인들은 크게 절망하여 독립 대신 일제 치하에서의 자치를 부르짖는 노선으로 선회했다. 이는 사실상 독립의 포기나 다름없었다.

1930년대에 들어서 일제가 신사참배를 강요하자 개신교 각 교단은 어느 정도 저항을 했지만 결국에는 모두 신사참배에 동참하고 만다. 오늘날 개신교에서 주기철 목사가 신사참배를 거부하다 감옥에 갇혀 죽은 일을 내세우며 개신교 전체가 일제와 대결한 것처럼 말하는 것은 과장이다. 주기철 목사 같은 경우는 극소수의 예외였다. 거의 모든 개신교 교단은 신사참배를 적극적으로 찬성했으며, 오히려 자기들의 행동이 성경의 가르침과도 일치한다며 정당화하기까지 했다. 예수와 사도들이 유대 민족주의를 버리고 세계 시민주의로 나아가서 로마제국과 공존하며 복음을 전파했듯이, 일제의 지배를 신의 뜻으로 받아들이며 협력해야 한다고 말이다.

이런 식으로 정치권력과 타협하면서 기득권을 보호받으며 단물을 빨아먹고 부와 권세를 누리던 한국 기독교의 모습은 광복 이후에도 미군과 독재 정권들과 손을 잡는 식으로 계속 이어졌다. 그리고 2013년 온 나라를 떠들썩하게 만든 국무총리 후보자의 발언은 일제강점기에 신사참배를 신의 뜻이라며 찬성한 목사들의 말과 정확히 일치하는 것이었다.

1941년 일본이 미국과 선전포고를 하고 태평양전쟁을 일으키자, 조선의 개신교 지도자들은 대개 친일파가 되어 일본을 찬양하고 미국을 저주했다. 그들은 미국이 세계를 착취한 흡혈귀라고 증오를 퍼부으며, 미국이 태평양전쟁에서 패배하고 일본이 승리자가 되어 세계를 지배할 것이라고 외쳤다. 그리고 언제나 그랬던 것처럼 그것이 신에게서 온 말씀인 양 정당화했다.

그러나 1945년 8월 15일에 일본은 미국을 포함한 연합군에 무조건 항복을 선언했다. 곧이어 미군이 조선에 들어와 일본군을 몰아내고 한반도의 새로운 지배자가 되었다. 일본이 망하기 전까지 미국을 저주하고 일본이 승리한다고 외쳤던 개신교 목사들은 이제 생존을 위해서, 아니 그동안 미국을 저주해댄 것에 대한 보상급부로 일제에 복종한 것보다 더 열렬하게 미국에 복종하고 충성했다.

남북 분단과 6.25로 인해 부흥을 맞이한 한국 기독교

일제는 패망했지만 우리 민족의 온전한 독립은 아니었다. 일본을 몰아내고 한반도를 지배한 미국과 소련은 자기들끼리의 세력 경계선으로 삼고자 38선을 그어 한반도의 남쪽과 북쪽에 각각 반공 정권과 공산 정권을 세워서 분할 지배했다.

소련의 영향 하에 세워진 북쪽의 공산 정권은 기독교를 포함한 모든 종교를 인정하지 않는 무신론을 부르짖었다. 그리고 북한 정권은 기독교 교회가 가진 토지와 재산 등을 몰수했다. 수많은 이북의 기독교인이 이러한 북한의 박해를 피해 남한으로 내려왔다. 그들은 수많은 반공 청년단체를 만들었는데, 유명한 서북청년단도 북한의 박해로 재산을 빼앗기고 남쪽으로 도망쳐온 기독교도(주로 개신교도)가 주축이 된 단체였다. 그 덕분에 남한의 기독교신자 수는 해방 이후에 더욱 늘어났다.

이들 반공 청년단들은 독실한 기독교 신앙과 극렬한 반공 정서를 겸비했다. 그런 이유로 1948년의 제주 4.3 사건과 1950년의 보도연맹 학살 사건 때 무고한 사람들을 좌익으로 몰아 수십만 명이나 학살하는 데 적극적으로 가담했다. 여기에는 한국(남한) 기독교

1948년 5월 31일 국회 개원식 날 국회의사당 앞에서 서북청년단들이 소련 철수를 주장하는 데모를 하고 있다.

인들도 한몫했다. 특히, 서북청년단은 1946년 11월 베다니교회(나중에 영락교회로 이름을 바꿈)에서 교회의 젊은 남자 신도들이 주축을 이루어서 창설된 조직이었다.

기독교와 반공을 외치며 폭력으로 좌익을 탄압하는 반공 청년단들은 당시 남한을 세계 반공 전선의 전초 기지로 삼으려는 미국과 남한 정부에게 아주 훌륭한 도구였다. 그런 이유로 미군과 한국군은 제주 4.3과 보도연맹 학살사건에서 반공 청년단을 무장시켜

좌익 탄압을 위한 보조 부대로 활용하기도 했다.

그러나 반공 청년단들은 거칠고 난폭한 면이 많은 데다, 이승만 정권과 결탁하여 정치 깡패로 나서면서 국민에게 엄청난 지탄을 받았다. 그래서 훗날인 1961년 5월 16일 박정희가 군사 쿠데타를 일으키면서 구악 일소를 외치자 반공 청년단들은 정권의 탄압을 두려워하여 자진 해산했다. 청년단 구성원 중 상당수는 목사가 되어 개신교로 흡수되었다. 오늘날 많은 한국 개신교 성직자가 강경한 반북 정책을 옹호하고 평화 통일을 반대하는 등의 반공 성향을 보이는 이유도 그들 중 상당수가 반공 청년단 출신이거나 아니면 그들에게 영향을 받았기 때문이다.

한편 조선에 살던 일본인들이 일제의 패망과 함께 일본으로 돌아가면서 남긴 재산(적산)을 미군이 몰수했다가 대부분을 기독교 교회들에게 넘겨주었다. 그 때문에 한국 기독교는 해방 직후, 재산을 급격히 불리면서 세력을 넓혀나갔다.

미군이 적산을 한국의 기독교 교회에 넘겨준 이유는 무엇일까? 우선 일부 기독교 성직자들은 영어를 구사할 수 있어서 미군과 말이 통했다. 당시 상당수의 미군은 한국어와 한글은 물론 그들이 주둔한 한국 사회에 대해 거의 몰랐는데, 현지 사정에 능통하고 영어가 가능한 한국의 기독교계 인사들은 미군의 충실한 정보원 역할을 해주었다. 그래서 미군은 한국 기독교에 정보 제공의 대가 겸 미국의 이해관계에 철저히 따를 하수인으로 만들기 위해서 적산을 넘겨주었던 것이다.

실제로 1979년 1월 8일 미국 국무부의 동아시아-태평양 담당 차관보인 리처드 홀부르크는 주한 미국대사인 윌리엄 글라이스틴에게 보낸 전문에서 "한국의 기독교 단체들이 민주화 시위에 나선다면 그들은 더 이상 미국의 지원을 기대하지 말아야 한다"라고 적었다. 이는 한국의 여러 기독교 단체가 미국의 지원을 받는 대가로 미국의 의도대로 움직여왔다는 사실을 방증한다.

1945년부터 1948년까지 약 3년 동안 한국은 미군정의 통치를 받았다. 이 와중에 미군에게 잘 보여 출세하기 위해서 일부러 기독교, 특히 개신교를 믿는 사람이 늘어갔다. 특히 미군이 만든 한국군에서는 영어를 잘하고 개신교를 믿어야 출세할 수 있다는 소문이 나돌 만큼 개신교가 강세였다. 한국에서 예수의 탄생을 기념하는 12월 25일 크리스마스가 법정 공휴일로 지정된 때도 바로 미군정 시기였다. 크리스마스의 공휴일 지정은 다분히 미군정의 영향을 받은 것이다.

1950년 6월 25일, 한국전쟁이 터지자 기독교는 또 한 번의 부흥기를 맞이한다. 3년에 걸친 전쟁으로 인해 한국은 전 국토가 초토화되었고, 많은 사람이 먹을 것을 제대로 구하지 못해 굶주림에 허덕였다. 그런데 미국이 보낸 식량과 구호물자가 대부분 기독교 교회를 통해 한국인들에게 분배되었다. 기독교를 믿지 않거나 싫어하는 사람이라고 해도 옥수수 가루 같은 식량을 얻으려면 교회로 가서 개신교 종교 행사에 참여해야 했다. 그러면서 한국의 기독교 신자 수는 급증했다. 식량을 나눠주는 교회에 고마움을 느끼고 또 그런 일을 하는 기독교에 호감이 생겨 기독교를 믿는 사람이 늘어난 것이다.

해방 직후, 전체 인구의 고작 3퍼센트에 머물던 기독교 인구는 2000년대 중반까지 해마다 계속 증가하여 천주교와 개신교를 모두 합치면 1200만 명에 이르렀다. 이는 한국 전체 인구인 5000만 명의 약 24퍼센트에 해당한다. 인구 대비로 따지자면 필리핀과 동티모르를 제외하고 동아시아 전체에서 한국만큼 기독교인 비율이 높은 나라가 없다.

정리하자면 한국 기독교의 부흥은 한국을 둘러싼 국제 정세에 따른 결과였다. 많은 조선인은 세계를 주도하던 강대국인 미국을 동경했고 그런 미국에 좀 더 가까이 다가가 발달된 문물의 혜택을 받으려는 의도에서 미국이 믿는 종교인 기독교를 받아들였다. 만약 미국이 기독교가 아니라 이슬람교를 신봉했다면, 지금 한국 땅

곳곳에는 교회 대신에 모스크가 가득하지 않았을까? 한국의 기독교 수용은 중국을 부러워하여 그들의 사상인 유교를 받아들여 중국보다 더 철저하게 유교 국가를 지향했던 조선의 사대주의적 태도와 본질적으로 다를 바 없었다.

한국의 역사와 문화를 왜곡하는 기독교

한국 기독교는 정치권력과 결탁하여 부와 권세를 누리는 것에 그치지 않고 한국의 전통 역사와 문화를 자신들에게 유리한 방향으로 왜곡하는 일에도 적극적으로 개입했다. 이는 불교와 유교, 천도교 등 다른 종교 집단으로부터 "너희 기독교는 불과 200년 전에 서양에서 들어온 근본도 없는 외래 종교다!" 하고 공격을 받자 그에 대한 반발로 나타난 현상이었다. 아울러 정보 왜곡을 통해서라도 기독교가 불교와 유교 같은 기존 종교보다 더 오래된 역사를 지녔다고 선전하여, 기독교의 정통성을 다지려는 시도이기도 했다.

한국 최대의 교회인 여의도순복음교회가 운영하는 《국민일보》는 2001년 1월 19일자부터 2월 5일까지 김성일 장로가 투고하는

〈창조사학 특강〉을 연재했다. 그런데 여기에 다음과 같은 주장이 나와 사회적 파문을 일으켰다.

"원래 한민족, 즉 한국인은 기독교를 믿었다. 우리 조상들이 하늘을 섬기고 하늘에다 제사를 지냈던 기록들을 보라. 그것들은 다 우리 조상들이 기독교의 유일신, 즉 야훼를 믿었다는 증거다. 그러니 우리 한민족은 기독교도였다. 반면 불교는 기독교에 적대적인 윤회와 환생을 주장하는 인본주의적인 종교이며, 이 불교가 한국에 들어온 후로 기독교는 불교 세력의 탄압을 받았다."

또한 〈창조사학 특강〉에서 김성일 장로는, 인도 출신으로 가야 김수로왕의 왕비가 된 허황옥이나 역시 인도 출신으로 백제에 들어와 불교를 전파한 마라난타, 그리고 삼국 통일의 영웅인 김유신 등이 모두 기독교신자였다고 주장했다. 이에 대해 불교계는 역사 왜곡이라며 맹렬히 반발했다.

아울러 〈창조사학 특강〉은 한국의 전통 문학 작품인 〈흥부전〉과 〈춘향전〉 등도 사실은 기독교에서 말한 구세주를 기다리던 한국인의 염원을 반영했다는 식으로 결론을 내렸다. 그러니까 〈창조사학 특강〉의 주장대로라면, 〈흥부전〉이나 〈춘향전〉을 짓고 그것들을 즐겨 읽고 들었던 우리 조상들이 죄다 기독교도였다는 뜻이다! 그리 납득이 되지 않는 주장이다.

〈창조사학 특강〉을 연재한 김성일 장로는 자신의 저서인 《홍수 이후》나 《비느하스여, 일어서라》《성경으로 여는 세계사》《성경과의 만남》《성경대로 살기》 등에서도 줄기차게 기독교가 한국인의 원래 신앙이었으며, 불교나 무속 같은 종교는 전부 야훼의 뜻에 어긋나는 인본주의 종교이자 사탄의 미혹이라고 주장했다.

이러한 견해가 앞에서 언급한 "자국 역사와 문화를 비하하고 외래 종교인 기독교를 치켜세우는 사대주의적 발상"이라고 비판을 받은 사람들의 말과 무엇이 다를까? 아울러 우리가 그렇게 성토하는 일본의 역사 왜곡과 무엇이 다른가? 자신이 속한 집단의 이해관계나 정당성을 확립하기 위해 역사를 멋대로 조작하는 것이야말로 역사 왜곡이 아니던가?

하긴 이 문제는 《국민일보》에 〈창조사학 특강〉을 연재한 김성일 장로 개인에게만 해당되지 않는다. 근본주의 기독교 신앙을 고수하는 한국 기독교회는 무당이었다가 기독교 목사로 개종한 사람들을 내세워, 마치 한국의 전통 신앙인 무속이 "사탄을 숭배하고 신에게 적대한 죄악의 미신"인 것처럼 선전하기도 했다.

1999년 7월, 한국의 기독교 잡지인 《신앙계》에는 〈석가의 윤회사상과 최후의 설법〉이라는 글이 실렸다. 그 내용은 '《나마다경》' 이라는 불교 경전의 구절을 빌려서 불교의 창시자인 석가모니가 제자들에게 "내가 죽고 나서 600년 후에 예수가 태어나면, 그때 너희들은 예수를 믿어라" 하고 가르쳤다는 것이었다. 근본주의 기독교 신도들은 《신앙계》의 글을 읽고 "불교 신자들은 빨리 기독교를 믿어라. 너희 스승인 석가모니가 그렇게 말하지 않았느냐?" 하고 일제히 환호했다.

하지만 곧바로 불교계에서 반박이 제기되었다. 《팔만대장경》 같은 불교 경전 중 그 어디에도 《나마다경》이라는 이름을 가진 경전은 없다. 또한 석가모니 본인이 어디에서도 예수를 언급하거나 그를 믿으라고 가르친 내용이 없다는 것이었다. 그리고 《나마다경》이란 경전을 정말로 보았다면, 그 경전의 위치나 사진을 찍어서 보여달라고 제안했다. 당연히 기독교계에서는 침묵으로 일관했다. 애초에 《나마다경》이란 경전이나 석가모니가 예수를 믿으라고 한 사실이 없었던 것이다. 어떻게 해서든 불교를 깎아내리고 기독교 교세를 불리려고 안달하던 극단적 기독교계의 애처로운 노력이었을 뿐이다.

이 같은 역사 왜곡은 직접적인 폭력이 없으니 그나마 애교에 가깝다. 한국의 근본주의 기독교도 중에서는 불교나 무속 같은 다른 종교를 상대로 노골적인 폭력을 휘두르는 부류가 적지 않다. 어떤 한국 기독교 목사들은 불교 사찰에 들어가 부처를 욕하는 낙서를 하거나 불상을 부수고, 한국의 전통 신앙인 무속에 대해 지옥에 떨어질 우상 숭배라며 욕설을 퍼붓기도 했다. 또한 하늘에 제사를 지내는 제단의 돌을 들어내버리거나 신문에 불교를 욕하는 내용의 전면 광고를 싣고 절들이 모두 무너지게 해달라는 기도회를 열기도 했다. 이처럼 한국의 기독교 교단 중에는 그동안 다른 종교를 모독하는 말과 행동을 행한 사례가 적지 않았다.

간혹 한국 기독교의 독선적이고 배타적인 신앙관에 환멸을 느낀 사람들 중에는 "서구 선진국의 기독교는 이런 일이 없다. 한국 기독교만의 문제다"라고 자조적으로 말하기도 한다.

하지만 그 말은 옳지 않다. 한국 기독교가 다른 종교를 공격적으로 대하는 태도는 사실 구약성경에 유일신 야훼의 이름으로 가르친 "너희는 그들(이스라엘이 아닌 이방인들)의 신들에게 엎드려서 절을 하여 섬기지 말것이며, [···] (이방인들의)신상들을 다 부수고, 그들이 신성하게 여기던 돌기둥들을 깨뜨려 버려라(출애굽기 23장 24절)"라는 내용을 문자적으로 실행에 옮긴 것이다. 즉 성경이 오류가 없는 신의 계시라고 믿는 근본주의적 기독교의 시각에서 본다면, 기독교의 이름을 걸고 다른 종교의 사원이나 상징물을 파괴

하는 행위는 전혀 잘못된 것이 아니라는 주장이 가능하다.

실제로 서구의 기독교 역시, 불과 20세기 초까지만 해도 제3세계의 다른 종교들을 어마어마하게 탄압하고 박해했다. 특히 16세기 스페인의 가톨릭은 멕시코 원주민이 믿는 신앙을 철저히 탄압했으며, 19세기 미국의 개신교 교단들 역시 북미 원주민의 신앙을 미신으로 치부하여 탄압했다.

기독교는 왜 개독교가 되었나?

2000년대에 들어서면서 인터넷 공간을 중심으로 특이한 신조어가 나돌고 있다. '개독교'라는 말인데, '개 같은 기독교'의 줄임말이다. 구한말 나라와 백성을 구하는 종교라고 칭송을 받던 기독교가 불과 100년 후인 지금에 와서는 개에 비유될 정도로 그 위상이 추락한 것이다. 대관절 어떤 사연이 있었기에 이렇게까지 되었을까?

우선은 국제 정세의 변화를 거론할 수 있다. 1991년 세계 공산주의 진영의 맹주인 소련이 경제난으로 붕괴되면서 46년 동안 계속된 미국과 소련의 냉전도 끝났다. 그와 더불어 소련의 지원을 받아 그럭저럭 버텨왔던 북한도 소련이 망하면서 더 이상 외부의 도움을 받지 못해 이른바 '고난의 행군'이라 불리는 끔찍한 기아 사태를 맞아 사실상 파탄의 위기에 몰렸다. '고난의 행군'을 거치면서 북한은 수십만 명이 굶어죽고 탈북자가 급증하여, 1945년 분단 이후 남한과 50년 동안 벌인 체제 경쟁에서 완전히 패배했다. 그로 인해 한국(남한)인은 북한을 더 이상 심각한 적수가 아니라 귀찮은 거지 무리로 여길 만큼 체제에 자신감을 갖게 되었다.

소련이 건재하던 냉전 시절에 미국-남한과 소련-북한 사이의 긴박한 대결 국면이 사라지면서, 냉전 체제에 기생하여 가장 큰 이득을 챙기던 기독교도 점차 그 위상이 흔들리게 된 것이다. 기독교의 교리 자체가 신과 악마, 선과 악의 대결이라는 이분법적인 사고관이라 냉전에 더 없이 잘 맞았다. 그러나 냉전이 끝나자 기독교는 싸울 적을 잃었고 구체적인 목표를 찾지 못해 방황하게 된 상태다.

또한 한국 기독교가 믿고 의지하는 종주국인 미국의 위상이 2003년 이라크 전쟁과 2008년 금융 위기 이후 나날이 추락하고 있다. 반면 공산주의 국가인 중국은 1979년부터 개혁개방을 거치며 매년 경제성장을 거듭하며 일본을 앞지르고 미국을 바싹 따라잡으며 명실상부한 초강대국으로 부상했다.

이런 국제 정세에 한국 기독교는 당혹하고 있다. 그동안 한국 기독교는 미국이야말로 한국이 본받아야 할 모범이며, 미국이 세계 최강대국이 된 것은 기독교를 신봉한 결과라고 선전해왔다. 그런데 명색이 세계 최대의 기독교 국가라는 미국은 비틀거리는데, 신을 믿지 않는 무신론 공산주의 국가인 중국이 저렇게 질주하는 상황을 어떻게 설명할 것인가? 설마 야훼가 기독교 국가인 미국을 버리고 공산주의 국가인 중국을 더 축복했다는 말인가?

한국 사회의 변화도 반기독교 정서의 확산에 많은 기여를 했다. 먼저 기독교 성직자인 목사들이 저지르는 어마어마한 성범죄와 금전문제 같은 비리가 인터넷을 통해 하루도 빠짐없이 보도되는 판국이라, 이제 한국인은 구한말이나 한국전쟁 무렵처럼 목사들을 존경의 눈으로 바라보지 않는다.

또한 한국 기독교, 특히 근본주의 입장을 고집하는 개신교는 성경 이외의 대중문화(노래, 게임, 만화, 드라마, 영화 등)를 악마의 유혹으로 보고 죄악시하는 폐쇄적인 태도를 보이기도 한다. 이로 인해 한국 개신교는 젊은 세대에게 비웃음의 대상이 되기도 했다.

그러나 한국 사회에서 반기독교 정서가 확산된 가장 큰 이유는 한국인이 오랫동안 잃고 있었던 자신감을 어느 정도 회복했다는 데에 있다. 1990년대 들어서 경제성장으로 인해 삶의 여유가 생기자, 그동안 시대에 뒤떨어진 낡은 미신이라고 외면했던 무속 신앙

등 전통 종교나 한국 역사 같은 분야에 대한 관심이 커졌다. 이 두 가지 분야에 대해 그동안 한국 기독교계는 "사탄 우상 숭배"나 "게으르고 미개하게 살았던 것에 대한 신의 천벌"이라고 업신여겼다. 그러나 이제 기독교 신자가 아닌 한국인들은 그 두 가지 분야를 통해 자신이 잊어버린 문화에 대한 긍정적인 자부심을 되찾기 시작한 것이다.

특히 1990년대부터 경제 부흥과 대중문화 개방의 흐름을 타고 대중적인 인기를 얻고 있는 영화나 드라마 및 만화나 게임 같은 매체들을 보면, 천사나 악마 같은 기독교적 요소보다는 환생과 귀신, 도깨비, 무당 같은 전통 무속 신앙에서 나온 요소들이 더 환영을 받고 있다. 이는 대다수 한국인에게 점차 외래 신앙인 기독교보다는 전통문화에 대한 호감이 높아진다는 현상을 의미한다.

아울러 2002년 한일 월드컵의 성공적인 개최로 한국인들은 크나큰 민족주의적인 자부심을 느꼈다. 한국 대표팀이 세계의 여러 국가 대표팀을 이기고 월드컵 4강에까지 올라가자, 수많은 한국인이 매일같이 길거리로 몰려 나와 "대한민국!"을 외치며 환호성을 터뜨렸다. 이는 한국인이 해방 이후 57년 만에 오랜 열등감과 패배감에서 벗어나 건강한 자긍심을 얻었다는 사회적 신호였다.

그런데 이 와중인 2002년 6월 16일, 한국 최대 기독교 단체인

한기총의 홈페이지에 어느 근본주의 기독교도가 “미국은 우리의 고마운 혈맹이니 한국 대표팀은 미국 대표팀과의 경기에서 일부러 져줘서 승리를 양보해야 한다”는 글을 올린 사건이 있었다. 월드컵 열기에 가려져 사회적으로 크게 불거지지는 않았으나, 이는 한국 기독교의 내면에 친미 사대주의가 강하게 박혀 있음이 드러난 극단적 사례였다.

한편 월드컵 와중에 미군 장갑차에 심미선과 신효순이 깔려 죽은 이른바 ‘미선이 효순이 사건’ 또는 ‘미군 여중생 압사사건’이 발생하여, 한국 사회에는 한동안 반미 감정에 휩싸였다. 사건의 잔혹도로만 치자면 이보다 더 끔찍한 주한 미군에 의한 범죄가 많았으나 유독 이 사건이 크게 불거졌던 이유는, 월드컵의 성공적인 개최로 높아진 한국인의 민족주의적 자부심에 정면으로 상처를 낸 사건이었기 때문이었다. 그래서 유력 대선 후보인 노무현 전 대통령은 “미국에 사진이나 찍으러 가지 않겠다”는 발언을 하여 큰 파문을 불러일으키기도 했다. 해방 이후, 미국을 신이자 구세주로 숭상하던 일방적인 분위기에서는 도저히 상상할 수 없었던 반미 감정이 한국 사회를 휩쓴 기이한 현상이 연출되었던 것이다.

한국 사회의 높아진 민족주의와 반미 감정이 불안했던지, 한국 기독교 대형교회들은 해가 바뀐 2003년 3월 1일 광화문 광장으로 몰려가 일제히 대형 성조기를 흔들며 "미국 만세! 신이시여, 미국을 축복하소서!"라는 구호를 외쳤다. 이는 기독교도들이 마음속으로 한국 민족주의의 성장을 불편해하며, 영원히 미국의 그늘 아래 머무르고자 하는 사대주의적 성향을 지니고 있음을 여실히 드러낸 사건이기도 했다. 근본주의 우파 기독교도로서는 미국이 신의 나라이자 모든 것을 따라 배워야 할 모범인 반면 한국의 역사와 문화는 전부 없애버려야 할 미개하고 뒤떨어진 우상숭배라고 배웠기에 지극히 자연스러운 행동이었을지 모른다. 하지만 그렇게 생각하지 않는 한국인에게는 반발을 사기에 충분한 일이었다.

그래서 수많은 한국인은 2003년 3월 1일 기독교 단체들의 친미 시위를 두고 "기독교는 사대주의적 집단이었다!"라고 크게 반발했다. 그로 인해 한국 기독교의 이미지는 매우 부정적으로 추락했다. 기독교를 '개 같은 종교'라고 폄하하는 '개독교'라는 말이 널리 쓰인 계기도 바로 2003년 3월 1일 벌어진 기독교 단체들의 대규모 친미 시위 때문이었다.

한국 기독교계의 친미 사대주의 성향 이외에도 그들이 국민들로부터 개독교라는 욕을 먹는 이유는 하나 더 있다. 바로 지도자층이 부패하고 타락한 기득권 세력과 결탁하여 스스로 부패하고 타락한 권력 계층이 되었기에 원성을 사는 것이다.

2003년 3월 1일 서울 광화문 광장에 모인 기독교 신자들. 대형 성조기를 들고 시위를 벌여 사람들로부터 사대주의자라는 눈총을 받았다.

2016년 10월 벌어진 한국 역사상 최악의 부패 스캔들인 최순실 게이트에서 가장 큰 잘못을 저지른 대통령 박근혜와 그 측근 최순실을 맹목적으로 옹호하는 세력 중 상당수가 바로 근본주의 기독교 계통이라는 사실은 한국 기독교의 극심한 부패와 타락을 적나라하게 보여주는 증거다.

아울러 대형 기독교 교회들은 박근혜 탄핵에 반대하는 대규모 시위를 광화문 광장에서 개최하면서 대형 성조기와 십자가를 흔들었으며, 트럼프 미국 대통령의 사진이 찍힌 겉옷을 입고 다니거나 심지어 미국 정부에 "박근혜 탄핵을 무효화시켜달라!"라는 청원까지 보냈다. 박근혜 탄핵과 아무런 관련이 없는 미국 정부한테 박근혜의 권력을 지켜달라고 구걸하는 것은 누가 보기에도 한국 기독교가 친미 사대적인 집단이라는 사실을 확인해주는 방증일 뿐이다.

그런 면에서 철학자 도올 김용옥 교수가 《사랑하지 말자》에서 신랄하게 던진 기독교 비판은 많은 생각을 하게 한다.

> 우리나라의 기독교 문화는 현재 근원적으로 그 진리 자체와 무관한 반공이라는 이념과 결탁되어 우리 민족의 통일을 가로막는 가장 거대한 세력을 형성하고 있다.
>
> 둘째 한국 기독교는 지나치게 배타적이며 독선적이다. 자기의 교리만 지선이며 그 나머지는 모두 사악하다고 보는 단순논리는 우리 사회의 온갖 양태의 분열을 조장하는 끊임없는 에너지가 되고 있다.
>
> 셋째 한국의 기독교는 지나치게 종말론적이다. 따라서 현실에 대한 명료한 의식을 흐리게 만든다. 인간의 모든 문제를 초세간적 실체를 동원하여 설명하기 때문에 현실을 개선하는 치열한 노력을 너무 쉽게 포기하며, 막연한 하느님의 품에 실존을 방치한다.
>
> 넷째 한국의 기독교는 지나치게 친미적이며, 친서구적이다. 친

미는 냉엄한 정치적 이해득실의 문제일 뿐 정신적 굴종의 기반이 될 수 없다.

조선의 성리학은 그들이 '하늘의 나라天朝國'라고 숭배하던 중국에 기대어 사회의 기득권층으로 행세했지만, 중국이 서구 열강의 공세 앞에 무너지자 어쩔 줄 모르고 갈팡질팡하다가 일제의 침략에 몰락하고 말았다. 마찬가지로 지금의 한국 기독교 역시 그들이 신의 나라라고 숭배하는 미국의 위세에 빌붙어 부와 권세를 누려오다가 미국이 주도하는 냉전이 끝나고 중국의 부상과 미국의 쇠퇴 등으로 국제 정세가 변하자, 그동안의 온갖 병폐와 부패상이 드러나면서 매서운 비판과 질타의 대상이 되어 그 기득권이 흔들리고 있다.

조선 말 유교는 극심하게 부패하고 타락하여 제 기능을 하지 못했다. 이 때문에 국민들에게 분노와 환멸의 대상이 되어 기득권을 잃고 버림받았다. 오늘날 대한민국 기독교는 사회적으로 강력한 힘을 가진 종교임에도 불구하고 역사상 최악으로 타락했다는 비판을 면치 못하고 있다. 어쩌면 현재의 기독교도 조선 말의 유교처럼 역사의 뒤안길로 몰락할지 모른다. 그런 점에서 역사는 끝없이 반복된다.

10

사드 배치, 찬성 VS 반대

북한에 대비하는 방어인가? 중국을 겨냥한 공격인가?

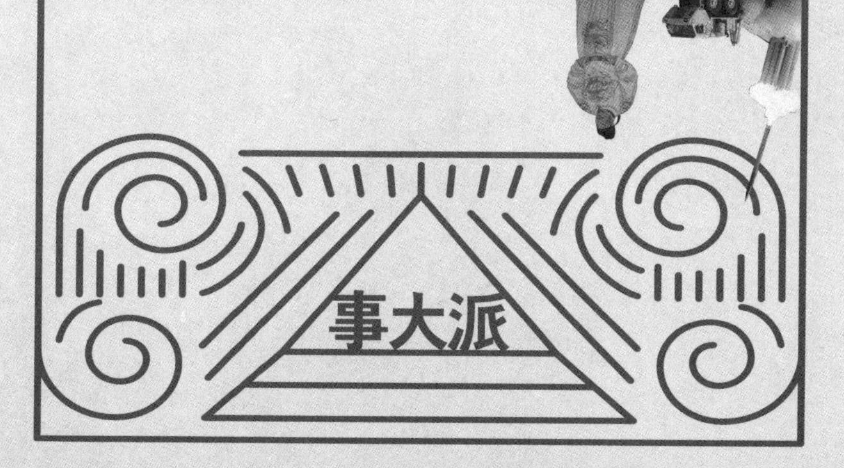

사드 미사일 발사 모습

10

2016년, 한국 사회를 달군 최대의 화젯거리는 미국의 고고도 미사일 방어체계인 사드THAAD 배치를 둘러싼 논란이었다.

사드 배치를 찬성하는 쪽에서는 미국이 원하는 일이고 사드가 있어야 북한이나 중국의 핵미사일에 맞설 수 있다고 주장한다. 미국과 맺은 동맹이 어떤 외교 관계, 심지어 한국과 중국 사이의 경제 관계가 파탄 나는 것보다 더 중요하기에 막을 수 없다고 한다.

반면 사드 배치를 반대하는 쪽에서는 막대한 돈을 들여 사드를 배치해봤자 우리가 통제할 수 없고, 북한의 잠수함 미사일도 막을 수 없는 무용지물일 뿐이라고 반박한다. 만약 사드가 정말로 배치된다면, 중국의 반발을 불러일으켜 중국에 의존하고 있는 한국 경제에 치명적인 피해가 올 것이라고 본다.

이처럼 사드 배치를 놓고 21세기의 한국 사회에서는 광해군 무렵처럼 자주파와 사대파 사이의 대결이 심화되고 있다.

사드 배치 강행은 새로운 북풍 몰이

2014년까지만 해도 사드 배치 문제는 지금처럼 뜨거운 화젯거리가 아니었다. 국방부나 청와대를 비롯한 한국 정부 기관들은 사드 배치 문제에 대해서 "아직 결정된 것도 없고 논의된 바도 없다"라고 소극적인 자세로 일관했고, 보수 언론들조차 "사드 배치는 미국과 중국 및 러시아 사이에서 먼저 합의가 이루어져야 할 국제적인 문제"라며 거리를 두었다.

그런데 2016년 2월, 한국 정부는 갑자기 사드 배치를 전격 발표한다. 이전까지의 자세와는 너무나 대조적이어서 나라 안팎에서 그 이유를 두고 많은 논란을 불러일으켰다. 여기서 개인적인 견해를 밝히자면, 나는 사대 배치 강행의 진짜 목적은 한국의 보수 기득권에게 닥친 정치적, 경제적 위기를 사드 배치라는 일종의 매카시즘 수법으로 덮어버리려 한 것이라고 본다.

박근혜 정권에 불어닥친 위기는 2015년부터 시작되었다. 그해 4월 9일, 집권 여당인 새누리당의 국회의원이자 경남기업 회장인 성완종이 자신이 뇌물을 준 사람들의 명단을 남기고 자살한 사건인 이른바 성완종 스캔들이 터졌다. 야당인 더불어민주당은 맹렬하게 공격하기 시작했고 이로 인해 여당이었던 새누리당은 이완구 총리를 물러나게 하는 조치 등을 감수하며 큰 타격을 받았다. 5개월 후인 2015년 9월 3일, 대통령이었던 박근혜는 미국의 반대를 뿌리치고 중국의 전승절 행사에 참가했다가 미국의 큰 반발을 사게 되었다. 그러자 박근혜 정부는 3개월 후인 2015년 12월에 갑자기 역대 어느 정부도 하지 않았던 일본군 위안부 피해자 문제를 당사자들과 아무 협의도 없이 일본 정부와 졸속으로 처리해버렸고 이 역시 국내에서 엄청난 반발을 불러일으켰다.

심상치 않은 여론을 감지했기 때문인지 해가 바뀐 2016년 2월, 박근혜 정부는 줄곧 소극적인 자세로 일관해오던 사드 배치 문제에 대해 돌연 태도를 바꿔 "북한의 핵무기를 막기 위해 사드가 반드시 필요하다"고 발표했다. 사드의 실효성이 입증되지 않았다는 나라 안팎의 반발에도 박근혜 정부는 무시로 일관하며 사드 배치를 강하게 밀어붙였다.

성완종 스캔들이 일어나자 중국 전승절에 참가하고, 중국 전승절로 미국과 외교적 마찰이 일어나자 위안부 합의로 미국과 일본의 환심을 구했으나 위안부 합의로 국내의 반발이 커지자 사드 배치를 폭탄선언함으로써 국내에 공안정국을 형성했던 것이다. 박근혜 정부는 이런 식으로 정치적 위기에 처할 때마다 예기치 못한 돌파구로 위기를 모면하는 방식을 주특기로 써먹었다.

그러던 와중인 2016년 4월 13일에 실시된 20대 총선에서 집권 여당인 새누리당은 뜻밖의 참패를 당했다. 박근혜 정부의 무능과 부패, 갈수록 악화되는 경기 침체 등으로 서민의 마음이 여당이 아닌 정권 심판과 변화를 부르짖는 야당에 쏠렸기 때문에 벌어진 사건이었다.

2016년 10월 들어 박근혜 정부는 물론 한국 현대사에서 최대의 정권 비리인 최순실 게이트가 터지자, 대통령인 박근혜 주위에 있던 이재용, 김기춘, 조윤선 같은 인물이 구속되면서 박근혜 정부와 새누리당은 최악의 정치적 참사에 직면했다.

하지만 이런 상황에서도 박근혜 정부는 사드 배치를 더욱 일방적으로 밀어붙였다. 야당과 시민단체들이 제기한 사드의 효용성에 대한 의문을 묵살하고, 사드 배치의 목표가 되는 중국과 러시아가 보이는 거센 반발도 무시해버린 채로 말이다.

최순실 게이트의 핵심인 최순실이 구속되고 박근혜가 헌법재판소로부터 탄핵을 받아 대통령직에서 쫓겨난 상태인 지금, 여전히 한국 정부가 사드 배치를 강행하려는 진짜 이유는 뭘까? 국방부나 대통령 권한대행 등은 "북한 핵무기의 위협으로부터 국가 안보를 지키기 위해서"라고 하지만, 정작 그 말을 신뢰하는 국민은 많지 않다. 사드 배치의 진짜 목표가 북한이 아니라 중국과 러시아라는 사실 정도는 알기 때문이다.

사드 배치에 강력히 반발하는 중국의 경제 보복을 감수하면서 한국 정부가 이를 강행하려는 진짜 이유는 무엇일까? 바로 사드 배치를 통해 냉전 반공주의 정서를 부추겨서 보수층의 지지를 끌어 모아 정치적 위기를 모면하려는 속셈이다. 쉽게 말해서 사드 배치 문제는 중요한 선거나 정치적 위기가 있을 때마다 역대 한국의 정권들이 써먹었던 이른바 북풍 공작과 똑같다. 다만 이번에는 그 대상이 북한에 국한되지 않고 중국으로 확대되었다는 점에서 이전의 북풍과 다를 뿐이다.

박근혜 정부를 탄생시킨 보수 기득권층도 한국의 제1무역대상국인 중국을 상대로 매카시즘을 발동하면 한국 경제가 치명적인 타격을 입으리라는 예상을 하고 있을 것이다. 하지만 그들에게는 국가 경제의 안위보다 자신들의 권력 수호가 더 중요하기에 이제까지 소극적이었던 사드 배치를 갑자기 앞당긴 것이다. 사드 배치를 강행해서 중국의 경제 보복이 일어나면 반발도 있겠지만, 그런 세력을 빨갱이라고 몰아붙여 최소한 전 국민의 30~50퍼센트 가량의 지지를 얻을 수 있을지도 모른다는 계산이 깔린 것이다. 아직 한국 국민 사이에 냉전 반공주의 정서의 영향력이 막강하기 때문이다. 아마도 박근혜 정권은 사드 배치를 통한 극우 반공 세력의 결집과 정권 재창출을 노렸을 것이다.

아울러 한국인의 상당수가 중국인에 대한 인종주의적 혐오감(더럽고, 게으르고, 가난하고, 무식하고, 미개하고, 난폭하고, 음흉하고, 범죄를 잘 저지른다는 등)을 느끼고 있기에 중국을 상대로 하는 매카시즘적 공작도 먹히리란 계산을 했을 것이다.

중국의 경제 보복이 없을 거라고?

한국 정부가 사드 배치를 결행하자, 가장 심하게 반발한 나라는 역시 중국이었다. 중국 정부는 공식 발표와 언론을 통해 "한국이 사드를 배치한다면 우리는 결코 가만히 보고만 있지 않을 것이다. 우리는 모든 수단을 동원하여 한국에 사드 배치가 큰 실수라는 사실을 깨닫게 해줄 것이다." 하고 경고했다. 이로 인해 한국의 많은 기업인과 서민이 두려움에 떨었다. 현재 한국의 최대 수출국이자 수입국은 중국이며, 경제의 90퍼센트를 대외 무역에 의존하는 한국은 그만큼 중국의 경제 보복에 취약하기 때문이다. 만약 중국이 사드 배치에 반발하여 한국 상품의 수입량과 중국 제품의 수출을 크게 줄인다면, 한국 경제는 치명적인 타격을 받고 파탄 상태에 빠질 위험도 매우 크다.

중국의 경제 보복 가능성이 불거졌을 때, 정부의 주요 인사들은 국민을 상대로 낙관론을 펼치며 대수롭지 않다는 태도를 보였다.

"(중국 측이) 정치와 경제는 분리하지 않을까 예측한다. 대규모 (사드로 인한 경제) 보복이 있지는 않을 것이다."

– 2016년 7월 11일, 유일호 경제부총리

"(중국의) 큰 보복 조치는 있지 않을 것이다. 책임질 일이 있으면 책임지겠다." – 2016년 7월 13일, 유일호 경제부총리

"한국과 중국의 관계가 쉽게 경제 보복을 할 수 있는 구조가 아니다." – 2016년 7월 19일, 황교안 국무총리

"(중국의 경제 보복 위험성을) 과대평가해서는 안 된다."

– 2016년 12월 29일, 윤병세 외교부 장관

여기서 의문이 든다. 과연 한국 정부의 주요 인사들은 중국이 한국에 경제 보복을 하지 않을 것이라고 정말로 믿었던 것일까? 명색이 한국에서 최고의 교육을 받은 엘리트들인데, 정말 그런 예상조차 못할 만큼 어리석었던 것일까?

결코 아니다. 그들이 한국의 사드 배치에 중국 정부가 강력하게 반발한다는 사실 정도를 예측 못 했을 리 없다. 중국은 사드 같은 미국의 MD 체제로 한국이 편입되는 일에 대해 언론을 통해 "우리는 사드 배치를 결코 원하지 않는다. 만약 한국이 우리의 경고를 무시하고 사드 배치를 강행한다면, 경제적으로 큰 피해를 입을 것이다"라고 여러 차례 경고한 바 있다. 그러므로 한국 정부 요인들은 그런 중국의 반발을 충분히 예상할 수 있었을 것이다. 실제로 2017년 2월 1일 《시사인》 보도에 의하면 안종범 전 청와대 수석의 업무수첩에 중국의 경제 보복에 관한 우려가 적혀 있었던 것으로 밝혀졌다. 청와대 수석이 예측한 일을 다른 정부 인사들이 과연 몰랐을까? 역시 말이 안 된다.

이제 문제의 결론이 나왔다. 한국 정부의 주요 인사들은 중국의 경제 보복을 정말로 몰라서 "중국은 결코 경제 보복 따위 못 한다!"라고 호언장담한 것이 아니었다. 그들은 처음부터 중국의 경제 보복을 예상하고 있었다. 그럼에도 일부러 모른 척했을 뿐이다. 만약 그들이 국민들을 상대로 공개적으로 "중국은 사드 배치에 대한 반발로 강도 높은 경제 보복을 할 것입니다. 그러니 국민 여러분은 앞으로 생활이 다소 어렵다고 해도 국가 안보를 위해 참아주십시오!" 하는 식으로 발언했다가는 반발 여론이 커져 사드 배치에 큰 차질을 빚었을 것이다.

따라서 그들은 사드 배치에 대한 반발 여론을 최대한 무마하기 위해 일부러 어리석은 척, 행세한 것이었다. 다시 말해 그들은 무슨 일이 있어도 사드를 배치하기 위해서, 국민들을 상대로 고의로 거짓말을 늘어놓은 셈이었다. 이유는 앞에서 언급한 대로 정치적 위기를 사드 배치로 인한 새로운 반공 몰이 공세로 극복하고 기득권을 유지하려는 야비한 의도였다.

여기서 박근혜 정부의 핵심 요인 대부분이 맹목적 친미 반공 성향을 가진 보수 우익 인사라는 사실을 고려해야 한다. 그들은 중국의 보복으로 한국 경제가 파탄 나고 수백만 명의 실업자가 발생해도 미국과의 우호적인 관계를 위해 사드를 배치해야 한다고 주장할 것이다. 실제로 한국의 정부 기관이나 정책 결정자들이 충성하는 대상은 한국 국민이 아닌, 미국 정부라는 말이 나돌 만큼 한국 기득권층은 맹목적인 친미파다.

아마도 한국의 친미 기득권 세력은 그들이 숭배하는 종주국인 미국을 위해서 한 포대당 1조원씩 한다는 사드를 100개, 1000개라도 더 들여오고 싶을 것이다. 그렇게 해서라도 미국에 돈을 퍼주고 미국이 더 강해져야 자기들도 그 덕을 보게 된다고 믿고 있을 테니까.

그러나 지금 미국이 지고 있는 부채는 무려 20조 달러다. 이 엄청난 빚을 해결하지 못하는 한, 미국 경제는 되살아날 기미가 보이지 않을 것이다. 자연히 미국의 패권 또한 쇠퇴 일로에서 벗어나지 못할 것이다. 한데 한국의 국내 총생산GDP은 고작 1조 3000억 달러로 미국이 진 빚의 13분의 1 수준에 불과하다. 달리 말하자면, 한국의 경제력을 송두리째 희생해도 미국의 부채를 갚을 수 없다. 트럼프 행정부가 추진하는 미국 내 인프라 개선 문제에 무려 8조 달러의 예산이 필요하니, 혹여 한국의 친미 기득권 세력이 사드를 1만 개쯤 들인다고 해도 미국 경제 문제는 해결되지 못할 것이다.

일제강점기 무렵 친일파들이 조선 땅 전체에서 쌀과 개가죽, 놋쇠, 요강까지 죄다 긁어서 일제에 헌납했어도 끝내 일제의 패망을 막지 못했다. 이처럼 한국의 친미파 기득권 세력이 아무리 한국 국민의 혈세를 미국에 헌납한다고 한들 그들이 섬기는 미국의 쇠퇴를 피할 수 없을 것이다. 머지않아 그들은 친일파가 일제의 패망에 당혹스러워하며 공황 상태에 빠졌던 것과 똑같은 경험을 하게 될지 모른다.

사드 미사일 발사 모습과 AN/TPY-2 레이더. 사드 레이더는 미사일 요격 체계에서 빠져선 안 되는 탐지 자산이다.

경제 보복을 하는 중국이 쪼잔하다고?

잇따른 중국의 경고에도 불구하고 한국 정부가 사드 배치를 강행하자, 중국 정부는 마침내 한국에 대한 경제 보복 조치를 실행하기 시작했다. 일단 중국에 수출하는 한국 상품들의 통관 지연과 한류 스타들의 중국 방송 출연 금지 및 중국인 관광객의 한국 관광 금지 조치 등으로 인해 한국 기업들은 중국에 투자한 거액의 자본을 날리거나 수익 감소로 경영이 악화되면서 초비상이 걸렸다.

그러자 대기업과 한 몸인 한국 언론들은 일제히 중국의 경제 보복 조치를 겨냥해 "중국이 큰 나라답지 않게 마음이 좁다. 정치나 안보 및 경제는 별개로 취급해야지, 왜 사드 배치 같은 안보를 문제 삼아서 한국한테 경제 보복을 하느냐?" 하는 반중 여론을 부추기고 나섰다. 중국 상황에 대해 잘 모르는 한국인 대부분은 그런 언론의 반중 여론에 멋모르고 휩쓸릴 수 있다.

하지만 그런 반응은 한국인 스스로의 모순을 증명하는 꼴이다. 한국 정부는 무슨 명분으로 2016년 2월 10일 북한에 설치한 개성공단을 갑자기 폐쇄했던가? 개성공단에서 벌어들이는 돈을 북한이 핵무기 개발에 쏟고, 그 핵무기로 한국을 위협한다고 판단해서 북한의 돈줄 역할을 하는 개성공단을 폐쇄했다고 했다. 그렇다면 마찬가지로 중국 입장에서 생각해보면, 한국이 중국을 상대로 막대한 무역 흑자를 내고 그 돈을 미국에 갖다 바쳐 들여온 사드로 중국의 심장부를 겨누는 셈이다. 이런 상황에서 과연 중국이 계속 한국이 돈을 벌게 놔둘 수 있을까?

경제와 안보를 분리해야 한다고 하지만, 우습게도 한국 정부 스스로가 개성공단 문제를 두고 그 원칙을 깨뜨렸다. 2013년 8월 14일 한국 정부가 발표한 합의서에는 "어떠한 경우에도 정세의 영향을 받음이 없이 (개성)공단의 정상적 운영을 보장한다"라는 문구를 분명히 명시했다. 그리고 2013년 4월 9일, 새누리당 황우여 대표는 "개성공단은 북핵 문제와 별개다. 형제간에 다툼이 있어도 가보는 깨뜨리면 안 된다"라고 말했다. 그러나 3년 후인 2016년 2월, 한국 정부는 기업주들과의 어떤 합의도 없이 일방적으로 개성공단 폐쇄를 발표해버렸다. 경제와 안보를 분리해서 개성공단을 다루겠다고 약속해놓고서는 스스로 그 약속을 어긴 것이다. 이러니 중국 정부가 사드 배치 문제를 두고 한국을 상대로 경제 보복을 한다고 해서, 그걸 무슨 명분으로 한국 정부가 규탄할 수 있을까? 똑같은 종류의 처사를 한국이 북한을 상대로 하면 어쩔 수 없는 조치라고 변명하고, 중국이 한국을 상대로 하면 졸렬한 짓으로 비난할 수는

흔히 개성공단으로 불리는 개성공업지구開城工業地區는 대한민국과 조선민주주의인민공화국이 합작으로 추진하고 있는 조선민주주의인민공화국의 경제특구다. 개성공단은 남북 간의 경제 협력 모델로서 적지 않은 성과를 냈으나 2016년 2월 남북관계 경색에 따라 폐쇄 조치되었다.

없는 일 아닌가?

또한 막상 안보가 위협받고 있는데 어떻게 계속 경제 부분에서 손을 잡고 갈 수 있을까? 우리가 북한의 핵미사일이 자국의 안보를 위협한다고 판단해서 북한과 경제 협력하는 개성공단을 폐쇄해버렸으니 중국 역시 사드가 자국의 안보를 위협한다고 판단하면 얼마든지 한국과 경제 협력을 중단할 수 있는 셈이다.

백번 양보해서 중국이 한국의 사드 배치 결정에도 불구하고 계속 한국 드라마를 사랑하고 한국에 수백만 명이 관광을 오고 한국 상품을 묻지도 따지지도 않고 사들인다면 어떨까? 그때 한국인들이 중국을 대범하다고 칭찬하고 감사할까? 그렇지 않을 것이다. 오히려 중국인을 가리켜 "어리석고 미개하다"라며 비웃을 것이다. 근대로 넘어오면서 한국인은 중국과 중국인을 선호한 적이 없었다. 그저 손쉬운 돈벌이 대상 정도로만 하찮게 취급했다. 한국에는 중국인에 대한 온갖 인종주의적 혐오감과 냉전 반공적 시각들이 넘쳐나고 있다.

사드 배치를 결정하고도 여전히 중국과의 경제 협력이 계속될 수 있다고 믿는 것은 현재 한국이 처한 딜레마 때문이다. 미국의 손에 든 총은 겁나는데, 중국의 손에 든 돈은 탐나는 것이다. 그래서 미국이 시키는 대로 사드를 배치하면서도 중국이 쥔 돈을 어떻게든 계속 빼먹고 싶어서 중국을 상대로 "사드는 결코 너희를 겨누는 게 아니야! 그냥 북한 핵 대비용이야!" 하고 거짓 핑계를 대고 있다. 중국 정부가 그 말을 순순히 믿어줄 리는 없다. 한국 국민조차도 그 말이 믿기지 않기 때문이다.

사드 배치 반대가 사대주의라고?

한국에 광신적인 친미 반공주의자들만 사는 건 아니라서, 사드 배치가 결정되자 반대하는 목소리도 나왔다. 주로 중국인을 상대로 사업하는 중소기업인이나 관광 업주들이다. 진보 진영 쪽은 미국 주도의 냉전 반공 체제에 회의를 품고 사드 배치로 인한 전쟁 분위기 고조보다 중국과 평화 공존이 국익에 더 도움이 된다고 믿고 사드 배치 반대 여론을 주도하고 있다.

그러자 사드 배치를 찬성하는 보수 진영에서는 사드 배치 반대론자들을 "중국에 아부하려는 속셈에서 한국의 안보를 지키는 사드 배치를 반대하는 비굴한 사대주의자"라며 밀어붙였다. 사드 배치 반대론자들이 "미국의 압력에 맞서 우리나라의 경제적 이익 같은 자주성을 지켜야 한다"라고 말할 것을 대비하여, 그들이 내세우는 자주라는 명분을 거꾸로 빼앗아 무기로 내세워 먼저 공격한 것이다. 자주라는 프레임을 선점한 것이 누군지 몰라도 사드 배치 반대론자들의 속성을 꿰뚫은 듯하다.

하지만 사드 배치 반대론자들을 가리켜 "사대주의자"라고 비난하는 사람들은 우선 사대주의가 대체 무엇인지, 그 정확한 개념부터 알아야 할 것이다. 그런 사람들을 위해서 도올 김용옥 교수가 쓴 책인 《사랑하지 말자》의 한 구절을 들려주고 싶다.

> "지금은 우리가 중국을 소홀히 하는 경향이 있으니까 '사대'가 아니지 않습니까? 사대주의는 중국대륙에 대한 복속을 의미하는 것이 아니었겠습니까?"
>
> "사대"란 고정적 대상성이 있는 것이 아니라 주체성의 상실, 자율성의 파기, 강대국에의 의존성을 총칭하여 말하는 것이다. 그러니까 우리 민족의 사대는 조선왕조의 사명事明, 사청事淸에서 구한말, 일제 강점기의 사일事日로 그리고 그 이후의 사미事美로 그 제목만 바꾸어 나간 것이다.

그렇다. 사대주의란 흔히 사극에서 나오는 것처럼 명나라 같은 옛날 중국 왕조들한테 굽실거리는 행태에만 국한되지 않는다. 일제강점기 시절, "대일본제국을 위해서 조선 청년들은 가미카제(자폭) 특공대가 되어, 전쟁터로 나가 용감히 싸우다 죽어라!" 하고 외쳤던 친일파들도 사대주의자였다. 2003년 이라크 전쟁 파병 논란을 두고 "이라크에 대규모 전투 병력을 보내 미국을 감동시키자!" 하고 외친 정치인도 그랬다. 중국의 보복을 받아 한국 경제에 닥칠 위험을 감수하더라도 사드 배치를 강행해야 한다고 외치는 친미파들도 모두 사대주의자다.

사드 배치를 반대하는 사람들이야 중국을 지나치게 자극해서 경제 보복을 당하면 한국 경제가 파탄 날까 봐 그런다고 해도, 사드 배치를 찬성하는 사람들은 대체 무슨 생각일까? 혹시 한국이 중국의 경제 보복을 당해 경제가 파탄나면, 미국이 그 보상으로 한국에 막대한 경제적 지원이라도 해주리라고 믿는 것인가?

지금 미국의 사정을 보면 전혀 그럴 것 같지 않다. 한국 정부가 사드 배치를 한다고 발표했음에도 미국 정부는 한국산 철강에 대한 덤핑 관세를 60퍼센트나 올렸다. 또 미국 트럼프 대통령은 한국 기업인 삼성과 현대가 "수천 명의 미국인을 실업자로 만든다. 이들 기업들이 미국에서 부당한 이익을 챙기도록 결코 놔두지 않겠다"라는 강경한 발언을 하는 등 오히려 한국을 경제적으로 압박하고 있다. 이런 판국에 미국이 한국에 경제적 지원을 해준다? 도저히 믿을 수 없는 일이다.

그럼에도 한국에는 여전히 사드 배치를 적극 찬성하고 트럼프와 미국을 한데 모아 숭배하는 사람이 꽤 많은 듯하다. 박근혜 전 대통령은 최순실 게이트의 주범으로 지목되고 무수한 부정부패를 저지르고 무능하고 무지한 국정 운영으로 국가에 크나큰 해를 끼

2017년 3월 10일 헌법재판소의 탄핵 인용으로 대통령 박근혜를 파면함으로써 민주주의를 수호하고 헌정질서를 유지한 대한민국 국민에게 전 세계의 찬사가 쏟아졌다.

친 혐의가 인정되어 헌법재판소에서 탄핵 판결을 내려 대통령 자리에서 쫓겨났다. 이때 박근혜 전 대통령을 옹호하는 시위에 참여한 사람들 중에는 대형 성조기를 흔들며 미국을 향해 "박근혜 탄핵 취소시켜주십시오!" 하고 외치거나 트럼프의 얼굴 사진이 들어간 깃발을 들고 다녀 비웃음을 산 경우가 무척 많았다. (물론 아무리 트럼프 사진과 성조기를 들고 미국에 충성한다고 외쳐도, 트럼프나 미국 정부는 그들에게 신경 쓰거나 보상을 해주지 않을 것이다.)

박근혜 전 대통령을 옹호하는 시위 참가자들은 스스로를 애국자라고 주장한다. 그러나 그들이 외치는 애국심은 공허한 명분일 뿐이다. 나는 그들 중 상당수는 애국심이 없다고 확신한다. 그들은 단지 좌파에 대한 맹목적인 증오심과 미국에 대한 광신적인 숭배를 애국심이라고 착각하고 있을 뿐이다.

이해를 돕기 위해 비유를 하자면, 지금 광화문에 몰려가 박근혜 옹호와 미국 찬양 시위에 참가한 사람들은 조선 광해군 시절에 "후금과 싸워 이길 방도가 전혀 없다. 하지만 명나라는 우리의 부모이니, 나라가 무너지더라도 명나라를 도와 짐승 같은 원수인 후금에 맞서 싸워야 한다"라고 외쳤던 광신적인 친명 사대주의자와 꼭 닮았다. 유일한 차이점이 있다면 섬기는 대상이 명나라에서 미국으로 바뀌었다는 것뿐이다.

사드 배치 찬성론자가 하는 소리 중에서 "북한의 핵미사일을 막으려면 어쩔 수 없이 미국에서 사드를 들여와야 한다"라는 주장은 나라가 망해도 미국이 시키는 대로 사드를 배치해야 한다는 소리보다는 그나마 조금 나은 논리다. 하지만 과연 사드가 북한의 핵을 막는 데 도움이 될까? 백번 양보해 사드가 한국에 배치된 상황에서, 북한의 핵실험이나 미사일 발사를 막지 못한다면 그때는 어찌할 텐가? 일본에서 자위대를 불러오는 대가로 독도를 넘겨주기라도 할 셈인가? 아니면 나토 가입 국가들의 군대 전부를 죄다 한반도로 데려와서 주둔시킬 셈인가? 하기사 한국 군대를 지휘하는 이들은 기름이 없어 비행기나 탱크 훈련도 못할 만큼 세계에서 가장 가난한 북한군을 두려워하고 있으니, 누군들 못 데려오겠는가?

이에 반해 사드 배치 논란을 지켜보던 역사학자 전우용은 2017년 3월 17일 자신의 트위터에 다음과 같은 글을 올려 많은 네티즌의 공감을 얻었다.

"설령 사드가 고고도 미사일을 완벽히 막는다 해도, 서울 수도권의 2천만 명은 방어권 밖에 있습니다. 납부자격도 없으면서 종부세에 극렬 반대하던 인간들이나, 얻는 건 없고 잃을 것만 많으면서 사드배치에 환호하는 인간들이나 [⋯] '사드를 배치하고 싶으면 먼저 중국과 러시아를 설득해라.'정도는 미국에게 요구할 수 있었을 겁니다. 힘도 없는 주제에 힘 센 놈이 할 일을 대신 하면서 대신 매 맞는 건, 바보와 미친놈이나 하는 짓입니다."

불행히도 현재 한국 사회의 곳곳에는 전우용의 말처럼 "얻는 건 없고 잃을 것만 많으면서 사드배치에 환호하는 인간들"이 너무나 많다. 사드 배치가 결정되었다는 소식을 듣고, 이들이 보인 반응을 종합해보면 대략 이렇다.

"사드 배치는 참 잘된 일이야! 진작 그렇게 했어야 했어! 사드 배치 반대하는 놈들은 죄다 빨갱이 새끼들이니 다 죽여야 해! 그리고 광화문에서 박근혜 물러가라고 탄핵 시위 하는 놈들은 전부 북한의 지령을 받아서 사회 혼란을 일으키려는 빨갱이 놈들이니, 그놈들도 다 죽여야 해!"

"미국이 한국을 위해서 5만 명이나 되는 희생자를 내면서 우리나라를 지켜주었어. 그러니 이제는 우리가 미국을 위해서 목숨을 바쳐 전쟁에 참가해서 보답을 해야 해. 세상 어디에 이 비루한 조선놈들을 지켜주려고 5만 명이나 되는 자기나라 국민 목숨을 희생한 고마운 나라가 미국 말고 또 어디에 있어? 미국한테 건방지게 까부는 북한뿐 아니라 중국과 러시아놈들도 몽땅 쳐부숴야 해! 설령 국민 전체가 다 죽어도 미국과 함께 전쟁에 참가해서 싸워줘야 해! 이런 미국에 반대하는 우리나라 새끼들은 죄다 찢어죽일 빨갱이 놈들이니 다 죽여야 해!"

정말 이들을 애국자라고 할 수 있을까? 그럴 수 없다. 자국의 역사, 문화, 국민에 대한 자부심과 애착이 전혀 없는 사람들이 어떻게 애국자가 될 수 있을까? 이들에게는 극도의 자국 혐오와 인간 불신, 맹목적인 반공주의와 광신적인 사대주의만이 있을 뿐이다. 이들은 세상과 사회를 믿지 못하고 사이비 종교에 들어가 맹목적 신앙을 유지하는 광신도처럼 보인다.

만약 저렇게 말하는 사람들이 그냥 내 주변에만 있다면 "세상에는 참 별난 사람들도 있는 법이지." 하고 웃어넘기고 말 것이다. 하지만 두려운 것은 저런 사람이 사회 곳곳에 너무나 많이 널려 있다는 현실 그 자체다. 미국을 위해서라면, 미국이 시키는 대로 사드를 배치해서 중국의 경제 보복을 자초하여 경제가 파탄 나고 수백만 명의 실업자가 발생하고 국민들이 죽어도 좋다고 믿는 광신적인 사대주의자가 이 사회의 거의 모든 분야에 즐비하다. 그래서 이들은 자국이 전쟁의 불길에 휩싸이는 것도 마다하지 않고, 미국이 시키는 대로 사드 배치에 찬성하여 제2차 한국전쟁을 불러오려고 자초하려 한다. 전쟁이 일어난다면 그들이 살아남을 수 있을지도 의문이다. 사드 배치에 찬성한다고 해서 미국이 군대를 보내 그들을 전쟁의 위험에서 지켜줄 것 같지도 않으니 말이다.

이런 말을 하면 "미국이 한국전쟁 때 군대를 보내서 피를 흘리며 우리를 지켜주었으니까, 이제 우리가 미국의 은혜에 보답하는 차원에서 사드를 배치해야 하지 않겠나?" 하고 말할 사람이 있을지도 모르겠다. 그러나 그런 식의 논리는 "임진왜란 때 중국 명나라가 군대를 보내 피를 흘리며 일본군과 싸워 주었으니, 중국의 은혜에 감사하는 차원에서 그들이 요구하는 대로 만주족 오랑캐와 전쟁을 벌여야 한다"라고 했던 조선 시대 사대부들의 논리와 같다. 똑같은 사대주의도 중국에 하면 나쁜 것이고 미국에 하면 좋은 것인가?

돌이켜보면 조선 중기 이후로 우리 역사에서는 3가지 큰 실패가 있었다. 첫째는 병자호란, 둘째는 경술국치, 셋째는 남북 분단이었다. 우리 조상들이 역사의 격변기에 제대로 대처하지 못했기 때문에 외국 침략군에게 국토가 짓밟히고 외세에 주권을 빼앗기고 강대국들의 마음대로 국토가 분열되어 70년 넘은 지금까지도 남과 북이 서로 대치하고 싸우며 국력을 소모하고 있다.

이제 우리는 역사의 4번째 실패를 맛볼지도 모른다. 그것은 미국과 일본의 의도대로 벌어질 제2차 한국전쟁이다. 미국의 잠재적국인 중국을 견제하기 위한 전쟁에 멋모르고 뛰어들었다가 중국의 보복을 받아 국토가 초토화되고 수백만, 어쩌면 수천만의 인명 피해가 날지도 모른다. 왜 우리가 제2차 한국전쟁을 겪어야 하는 것인가? 강대국의 하수인 신세가 되어서, 또 다른 강대국의 보복을 받고 흠씬 두들겨 맞는 일은 국민들의 생명을 갖다 바칠 만큼 가치 있고 숭고한 일이 아니다. 가게에서 단돈 100원이라도 손해를 보면 펄펄 뛰는 사람들이 자신들의 생명이 송두리째 날아갈지도 모르는 전쟁에 열렬히 찬성하는 것은 참으로 불가해한 일이다.

사드 배치 문제는 결코 그냥 넘어갈 만한 하찮은 일이 아니다. 박근혜 정부는 유명무실해졌지만 한국의 보수 기득권층은 광신적인 친미 사대주의에 빠져 사드 배치를 밀어붙이고 있다. 중국과 러시아는 결코 사드 배치를 가만히 두지 않겠다고 벼르고 있다. 만약 이대로 한국 정부가 사드 배치를 강행한다면, 중국과 러시아는 경제와 군사 분야에서 강력한 보복을 할 것이다. 그럼 한국은 더욱 궁지에 몰려 최후의 해결책으로 미국과 일본에 더욱 종속되는 길을 택할 것이다. 최악의 경우 이 땅에서 청일전쟁이나 러일전쟁,

혹은 한국전쟁 때처럼 한반도를 끔찍한 죽음의 땅으로 만드는 강대국들의 대리전이 시작되어 수많은 국민이 비참하게 죽어갈지도 모른다.

과연 어느 쪽이 현명할까? 20조 달러라는 막대한 부채에 짓눌려 망해가는 미국의 패권을 연장해주기 위해서 사드를 배치하고 그 대가로 경제 파탄이라는 환란과 제2차 한국전쟁이라는 재앙을 감수해야 할까? 아니면 송나라와 요나라, 금나라 사이에서 현명한 등거리 외교를 펼쳐 강대국들의 입김에 놀아나지 않고 나라와 백성을 무사히 보존해야 했던 고려 시대 선조들의 지혜를 배워야 할까?

자주와 사대라는 두 갈림길에서 어느 쪽을 선택해야 할지, 결정의 순간이 다가왔다. 부디 지금 우리가 내린 선택이 후세의 자손들에게 분노와 조롱의 대상이 되지 않기만을 바랄 뿐이다.

사대주의와 조선을 어떻게 볼 것인가?

얼마 전부터 한국 사회에는 포털 사이트 네이버에서 연재하는 만화인 〈조선왕조실톡〉이나 설민석 강사의 한국사 강의처럼 역사를 알기 쉽게 풀이해서 사람들에게 들려주는 일이 무척 인기를 끌고 있다. 대중이 관심을 보이는 한국사의 주제 중 가장 인기 있는 시대는 조선이다. 조선 시대는 어떤 시대보다 오늘날 대한민국과 가장 가까운 시기이고 그만큼 자료가 많아 사람들이 접근하기 쉽다. 또한 수많은 영화나 드라마 등 대중 예술 매체를 통해 조선사에 관련된 많은 사항을 일찍 접해보아서 친숙하게 여기고 있다.

해방 이후 지금까지 70년이 넘도록 이 조선이라는 나라를 어떻게 봐야 할지를 두고서 긍정적으로 보는 쪽과 부정적으로 보는 쪽 사이에 치열한 논쟁이 있었다. 긍정적 평가를 하는 쪽은 조선의 좋은 면만 부각해 조선이 마치 지상의 낙원이었던 것처럼 주장한다.

반면 부정적 평가를 하는 쪽에서는 나쁜 부분만 들춰내어 조선을 꿈도 희망도 없는 생지옥인 것처럼 묘사한다.

세상의 모든 사회는 좋은 면과 나쁜 면이 함께 있기 마련이고, 조선 역시 그렇다. 조선이 남긴 긍정적인 유산이라면 한글이라는 고유 문자를 창조하고 교육을 중시하는 사회 분위기를 형성했으며 하나의 민족이라는 공통된 인식을 만들었다는 점이다. 반면 조선이 남긴 부정적인 유산으로는 일제강점기와 남북 분단, 그리고 사대주의를 들 수 있다.

그중에서 자국을 혐오하고 외부 강대국을 맹목적, 광신적으로 숭배하는 자기 모멸적 사대주의는 조선이 망하고 나서도 질기게 살아남았다. 그 섬기는 대상만 중국에서 일본으로, 일본에서 미국으로 바뀌었을 뿐, 사대주의는 오늘날 한국인의 정신세계를 여전히 지배하고 있다.

사대주의를 문제 삼으면, 이렇게 반박하는 사람이 있다.

> "사대주의를 왜 나쁘게 보는가? 나보다 훌륭한 점을 가진 이웃을 배우고 본받자는 것이 뭐가 잘못인가? 공연히 나보다 강한 자한테 무턱대고 덤벼들었다가 몰매를 맞고 망하는 꼴보다는 다소 자존심이 상해도 일단 고개를 숙이고 안전을 보장받는 편이 낫지

않은가?"

그러나 내가 문제 삼는 사대주의는 "뛰어난 상대의 장점을 배우고 안전을 보장받자"라는 식의 전략적 사대주의가 아니다. "내가 따르는 강한 나라를 위해서라면 우리나라가 손해 보고 망해도 좋다!"라는 식의 광신적 사대주의다. 조선 중기 이후 조선의 사대주의는 전략적 사대주의에서 광신적 사대주의로 변질되기 시작했다. 그래서 "나라가 무너지더라도 무조건 명나라를 도와야 한다"라는 소리를 일삼다가 병자호란이라는 비극을 자초하고 말았다.

백번 양보해서 병자호란 당시야 명나라가 아직 있었으니, 명나라의 눈치를 보느라 청나라와 어쩔 수 없이 맞섰다고 변론할 수 있다. 그러나 명나라가 완전히 망해서 없어진 지 100년이 지난 후에도 여전히 조선의 지식인들은 명나라를 숭상하고 그런 명나라를 무너뜨린 청나라를 미워했다는 것은 변명의 여지가 없다. 즉 조선의 지식인들은 새로운 시대에 적응하지 못하고, 지나간 과거에 매몰되어 현실감각을 잃은 상태였던 것이다.

또한 나보다 뛰어난 남의 장점을 배우자는 동기에서 시작해도 자칫 엇나가면 자국 혐오와 외세 추종이라는 광신적 사대주의로 변질되기 쉽다. 조선 성종 시절의 학자인 성현成俔(1439~1504년)이

지은 책인 《용재총화慵齋叢話》를 보면, 자기 나라 백성을 깎아내리고 중국인을 치켜세우는 내용이 나온다.

"우리나라 사람은 간사하고 편파적이고 의심이 많아 항상 사람을 믿지 않으므로 역시 남도 나를 믿지 않지만, 중국인은 순후純厚하고 의심이 없어서 비록 외국인과 상거래를 하더라도 그다지 다투거나 힐난하는 법이 없다.

우리나라 사람은 비록 조그마한 일에도 경솔하게 떠들기 때문에 사람은 많아도 성취하는 일은 별로 없지만, 중국인은 조용하고 말이 없으므로 사람이 적더라도 쉽게 일을 성취한다. […]

우리나라 사람은 경솔輕率하고 안정되지 못하여 백성은 관리를 두려워하지 아니하고, 관리는 선비를 두려워하지 않으며, 선비는 대부大夫를 두려워하지 아니하고, 대부는 공경公卿을 두려워하지 아니하여, 상하가 서로 업신여기고 남을 모함할 생각만 한다.

그러나 중국은 백성이 관리 두려워하기를 표범같이 하고, 관리는 공경대부公卿大夫 두려워하기를 귀신같이 하며, 공경대부는 임금 두려워하기를 하늘과 같이 하는 까닭으로 일을 맡으면 잘 처리하고, 명령을 내리면 쉽게 복종한다."

중국인이 순후純厚, 즉 순수하고 천진해서 의심이 없다고? 글쎄, 그 말을 중국인들에게 들려주면 어떤 반응을 보일까? 아마 중국인 스스로도 믿지 못할 것이다. 세계에서 가장 의심이 많기로 유명한 사람들이 바로 중국인이다. 중국의 작가인 보양은 자신의 책 《추악한 중국인》에서 "중국인들은 매사에 술수를 부리고 진실하지 못해서, 하루 종일 대화를 해도 속을 알 수가 없다"라고 했다.

중국인이 조용하고 말이 없다고? 세계의 공항이나 관광지에서 가장 시끄럽게 떠든다고 악명 높은 사람들이 바로 중국인이다. 조선인이 남을 모함할 생각만 하는 반면, 중국인은 남의 지시에 잘 복종한다고? 중국 역사에는 남을 시기하거나 모함해서 일어난 사건이 수도 없이 많다.

(혹시나 이 글을 읽고 계신 중국인 독자분이 있다면, 오해하지 않기를 바란다. 나는 중국인이나 중국을 깎아내리려고 지적하는 것이 아니다. 단지 《용재총화》의 신빙성을 검토하려는 의도일 뿐이다. 사실 나는 한국이 평화와 번영을 누리기 위해서는 중국과 두터운 우호 관계를 다져나가야 한다고 믿는다.)

이처럼 《용재총화》의 기록은 다분히 현실과 동떨어져 있다. 그렇다면 《용재총화》에서 성현이 늘어놓은 중국인 찬양을 과연 어떻게 해석해야 할까? 그것은 조선을 비하하고 강대국인 중국을 숭배하는 정신적 사대주의에서 비롯된 지독한 편파적인 시각일 뿐이라는 점을 이해해야 한다. 《용재총화》 본문에 나오는 중국인을 미국인이나 일본인으로 바꿔놓고 보라. 지금 한국에서 흔히 하는 "선진국인 미국과 일본을 본받아야 해. 우리나라 시민의식은 미국이나 일본보다 훨씬 뒤떨어졌어"라는 말과 똑같다. (이때, 미국은 전 세계에서 가장 많은 사람들이 교도소에 갇혀 있는 나라이며, 일본에서는 식당 같은 공공장소에서 엄마들이 아기들 바로 옆에서 태연하게 담배를 피우거나 비흡연자들 앞에서도 아무렇지도 않게 담배를 피운다는 사실 등은 전혀 언급되지 않는다.)

어쩌면 "남을 배우자"라는 자세에도 문제의 소지가 있는 것이 아닐까? 남의 것만 따라 해서 진정한 발전을 이룰 수 있을까? 조선은 철저하게 중화주의 체제의 모범생이었지만 왜 그렇게 구한말에 가서 비참하게 망하고 말았을까? 자신을 지킬 능력이 없는 상태로 중국이라는 강대국의 그늘 아래에서 영원히 안주하려 했기 때문이다. 조선은 새로운 세계를 열어갈 능력과 새로운 시대에 적응할 힘을 갖추지 않았기에 구한말의 혼란을 이겨내지 못하고 몰락했다.

불행한 것은 이런 딜레마가 우리 역사에서 계속 이어져 오고 있다는 사실이다. 중국이 망하자 이 땅의 일부 엘리트 지식인들은 일본을 새로운 종주국으로 섬겼다. 중국에 했던 것처럼 일본에 사대를 하면서 "이마를 송곳으로 찌르면 조선인의 피가 아니라 일본인의 피가 나오도록" 민족의 정체성을 버리고 종주국에 동화되는 길을 택했다. 하지만 그 작업이 완성되기 전에 일본이 너무나 빨리 망해버렸고, "적어도 일본이 200년은 갈 줄 알았다"라며 안이하게 굴던 엘리트들은 당황하여 혼란에 휩싸여 있다가 새로운 외세인 미국과 소련이 이 땅을 남북으로 분단하는 사태를 막지 못했다.

한반도 남쪽의 우리가 일본을 대신한 새로운 종주국인 미국의 그늘에서 지낸 세월이 벌써 70년이 되어간다. 하지만 오늘날 미국은 지나친 군비 지출과 부채 증가 및 재정 파탄으로 인해 패권을 잃어가고 있다. 반면 19세기 중엽 서구에게 패권을 빼앗기고 '동양의 환자'라는 조롱을 받던 중국은 눈부신 경제성장에 힘입어 2000년 동안 누려왔던 찬란한 중화제국의 위상을 되찾을 기세다.

하지만 미국은 자국이 누린 패권을 쉽게 중국한테 넘겨주지 않으려 온갖 술책을 부리고 있으며, 그중 만만한 속국인 한국을 희생양으로 내세워 패권을 잃는 속도를 조금이나마 늦춰보려는 계획의 일환으로 사드 배치를 서두르고 있다. 그럼에도 한국의 어리석은 친미 사대주의자들은 미국을 영원한 우방으로 간주하며 우리 경제가 중국의 보복을 받고 파탄 위기에 처하는 상황에 아랑곳없이 사드 배치를 강행해야 한다고 외치고 있다.

이들은 청나라의 보복을 받아 나라가 무너질 위기에 처했다는 사실을 뻔히 알면서도 명나라를 도와야 한다고 외치던 조선의 친명 사대주의자나 온 나라의 물자를 전부 긁어모아 일본에 바치고 일본을 위해서 자살 특공대가 되어 전쟁터로 나가 죽자고 선동하던 일제강점기 친일 사대주의자와 똑같다.

분명한 사실은 종주국이 쇠퇴기에 접어들면 속국이 아무리 노력해도 도저히 그 과정을 막을 수 없다는 것이다. 조선이 하늘처럼 섬기던 명나라의 쇠퇴를 막지 못했던 일을 보면 알 수 있다.

중국을 섬기던 사대주의의 세계관에 갇혀 있던 조선이 망하고 나서 상당수 사회 지도층이 중국 대신 일본을, 그리고 일본이 물러나자 미국을 종주국으로 섬기면서 사대주의의 세계관에 머무르며 살아왔다. 하지만 종주국에 지나치게 기대며 살았기 때문에 자립할 능력이 부족했고, 그래서 종주국이 망하면 크나큰 혼란에 휩싸여 파국으로 치닫곤 했다.

반대로 우리 역사에는 외부 강대국이 무너지더라도 평화적으로 나라와 백성을 지키고 위기를 잘 극복한 사회 지도층의 사례도 있다. 고려는 요나라와 송나라가 금나라에 무너지는 상황에서 현명하게 등거리 외교를 펼쳐 무의미한 전쟁에 휘말리지 않고 안전하게 터전을 보존했다. 다시 말해서 고려는 조선이나 그 이후의 세대들처럼 종주국에 광신적으로 충성하는 사대파가 아니라, 자국의 안전과 이익을 최우선시하는 자주파 노선을 걸었기 때문에 시대의 격변기를 이겨냈던 것이다.

지금이야말로 우리 역사의 교훈 속에서 자주파와 사대파 사이에서 어느 길이 더 현명한지, 그리고 더 우리의 안전과 이익을 지키는 길이 무엇인지를 깨달아 새로운 시대를 맞이할 준비를 갖추어야 할 때가 아니겠는가? 훗날 우리 자손들에게 "그때 왜 우리 조상들은 다 망해가는 종주국에 과잉 충성을 하기만 했는가?" 하는 비웃음을 받지 않으려면 말이다.

01. 친당파 VS 반당파

김부식, 최호 역, 《삼국사기 1, 2》, 홍신문화사, 1994.
김용만, 《새로 쓰는 연개소문전》, 바다출판사, 2003.
도현신, 《어메이징 한국사》, 서해문집, 2012.
이상훈, 《나당전쟁 연구》, 주류성, 2012.
_____, 《신라는 어떻게 살아남았는가》, 푸른역사, 2015.
일연, 최호 역, 《삼국유사》, 홍신문화사, 2008.
최천기, 《황당한 일본》, 학민사, 2005.

02. 묘청 VS 김부식

《고려사》
《고려사절요》
김부식, 최호 역, 《삼국사기 1, 2》, 홍신문화사, 1994.
일연, 최호 역, 《삼국유사》, 홍신문화사, 2008.
김위현 역, 《국역 요사》(상·중·하), 단국대학교출판부, 2012.
류병재·박원길·윤승준·이성규 역, 《국역 금사》(전4권), 단국대학교출판부, 2016.

03. 최씨 무신 정권 VS 왕정복고파

《고려사》
《고려사절요》
도현신, 《전장을 지배한 무기전, 전세를 뒤바꾼 보급전》, 시대의창, 2016.
이경수, 《왜 몽골 제국은 강화도를 치지 못했는가》, 푸른역사, 2014.
이승한, 《고려 무인 이야기 1~4》, 푸른역사, 2003.
______, 《쿠빌라이 칸의 일본 원정과 충렬왕》, 푸른역사, 2009.
임정, 《뉴라이트》, 필맥, 2009.

04. 세종대왕 VS 최만리

《국역 조선왕조실록》
강기준, 《다물 그 역사와의 약속》, 다물, 1997.
박시백, 《박시백의 조선왕조실록 4》, 휴머니스트, 2015.
진중권, 《네 무덤에 침을 뱉으마 1~2》, 개마고원, 2008.
최상천, 《알몸 박정희》, 사람나라, 2004.

05. 이순신 VS 선조

《국역 조선왕조실록》
도현신, 《옛사람에게 전쟁을 묻다》, 타임스퀘어, 2009.
______, 《이순신의 조일전쟁》, 행복한미래, 2012.
______, 《임진왜란, 잘못 알려진 상식 깨부수기》, 역사넷, 2008.
______, 《장군 이순신》, 살림출판사, 2013.
______, 《전장을 지배한 무기전, 전세를 뒤바꾼 보급전》, 시대의창, 2016.
______, 《전쟁이 발명한 과학기술의 역사》, 시대의창, 2011.
박종화,《임진왜란 1~10》, 달궁, 2004.
배상열, 《풍운 1~7》, 이화문화사, 2003.
유성룡, 이재호 역, 《징비록》, 역사의아침, 2007.
이순신, 노승석 역, 《난중일기》, 민음사, 2010.

06. 광해군 VS 인조(서인파)

《국역 조선왕조실록》

《열하일기》

박시백, 《박시백의 조선왕조실록 11》, 휴머니스트, 2015.

______, 《박시백의 조선왕조실록 12》, 휴머니스트, 2015.

______, 《박시백의 조선왕조실록 13》, 휴머니스트, 2015.

백승종, 《정감록 역모사건의 진실게임》, 푸른역사, 2006.

______, 《정조와 불량선비 강이천》, 푸른역사, 2011.

신정일, 《조선을 뒤흔든 최대 역모사건》, 다산초당, 2007.

유승희, 《조선 민중 역모 사건》, 역사의아침, 2016.

07. 독립운동가 VS 친일파

강준만, 《한국 근대사 산책 1~10》, 인물과사상사, 2008.

김육훈, 《그때 세종이 소리친 까닭은》, 푸른나무, 1999.

김주완, 《풍운아 채현국》, 피플파워, 2015.

박현채 외,《일제식민지시대의 민족운동》, 한길사, 1989.

임종국, 《밤의 일제 침략사》, 한빛문화사, 2004.

______, 《실록 친일파》, 돌베개, 2006.

______, 《친일문학론》, 민족문제연구소, 2013.

정지아·이윤엽, 《임종국, 친일의 역사는 기록되어야 한다》, 여우고개, 2008.

채현국·정운현, 《쓴맛이 사는 맛》, 비아북, 2015.

08. 우리말전용 VS 영어공용화

강기준, 《다물 그 역사와의 약속》, 다물. 1997.

강준만, 《영혼이라도 팔아 취직하고 싶다》, 개마고원, 2010.

______, 《한국 현대사 산책 1940년대편 1~2》, 인물과사상사, 2006.

______, 《한국 현대사 산책 1990년대편 1~3》, 인물과사상사, 2006.

______, 《한국 현대사 산책 2000년대편 1~5》, 인물과사상사, 2011.

09. 기독교 VS 반(反)기독교

강준만, 《영혼이라도 팔아 취직하고 싶다》, 개마고원, 2010.

_____, 《한국 현대사 산책 1950년대편 1~3》, 인물과사상사, 2004.

_____, 《한국 현대사 산책 1960년대편 1~3》, 인물과사상사, 2004.

_____, 《한국 현대사 산책 1970년대편 1~3》, 인물과사상사, 2002.

_____, 《한국 현대사 산책 1980년대편 1~4》, 인물과사상사, 2003.

강준만 외, 《레드 콤플렉스》, 삼인, 1997.

김성일, 《비느하스여, 일어서라》, 신앙계, 1991.

_____, 《성경과의 만남》, 신앙계, 1990.

_____, 《성경으로 여는 세계사 1~3》, 신앙계, 1999.

김해경, 《주여 사탄의 왕관을 벗었나이다》, 홍성사, 1993.

백승종, 《정감록 역모사건의 진실게임》, 푸른역사, 2006.

_____, 《정조와 불량선비 강이천》, 푸른역사, 2011.

신상언, 《사탄은 마침내 대중문화를 선택했습니다》, 낮은울타리, 1992.

신정일, 《조선을 뒤흔든 최대 역모사건》, 다산초당, 2007.

유승희, 《조선 민중 역모 사건》, 역사의아침, 2016.

10. 사드 배치 찬성파 VS 사드 배치 반대파

강준만, 《미국사 산책 1~17》, 인물과사상사, 2010.

_____, 《미국은 세계를 어떻게 훔쳤는가》, 인물과사상사, 2013.

_____, 《전쟁이 만든 나라, 미국》, 인물과사상사, 2016.

강준만 외, 《레드 콤플렉스》, 삼인, 1997.

김동춘, 《미국의 엔진, 전쟁과 시장》, 창비, 2004.

니얼 퍼거슨, 《제국》, 민음사, 2006.

데이비드 사우스웰, 《세계를 속인 200가지 비밀과 거짓말》, 이마고, 2007.

로널드 라이트, 《빼앗긴 대륙, 아메리카》, 이론과실천, 2012.

램지 바루드, 《나의 아버지는 자유의 전사였다》, 산수야, 2012.

모리스 버먼, 《미국은 왜 실패했는가》, 녹색평론사, 2015.

박민규, 《지구영웅전설》, 문학동네, 2003.

베네수엘라 혁명 연구모임 편, 《차베스, 미국과 맞짱뜨다》, 시대의창, 2006.
이원복, 《21세기 먼나라 이웃나라 11: 미국 (미국역사)》, 김영사, 2004.
______, 《21세기 먼나라 이웃나라 12: 미국 (대통령)》, 김영사, 2005.
이주영, 《미국사》, 대한교과서, 2005.
톰 하트만, 《2016 미국 몰락》, 21세기북스, 2014.
프랑수아 랑글레, 《제국의 전쟁》, 소와당, 2012.
황정일, 《제국의 오만》, 랜덤하우스코리아, 2004.